# 语文真的很有趣

## 38堂趣味语文课

姜建邦◎著

西苑出版社
XIYUAN PUBLISHING HOUSE
·北京·

图书在版编目（CIP）数据

语文真的很有趣：38 堂趣味语文课 / 姜建邦著．--
北京：西苑出版社，2022.2
ISBN 978-7-5151-0828-5

Ⅰ．①语… Ⅱ．①姜… Ⅲ．①语文课－中小学－教学
参考资料 Ⅳ．① G634.303

中国版本图书馆 CIP 数据核字 (2022) 第 003400 号

**语文真的很有趣：38 堂趣味语文课**

YUWEN ZHENDE HEN YOUQU:38 TANG QUWEI YUWENKE

责任编辑 樊 颖
封面设计 末末美书
出版发行 西苑出版社 XIYUAN PUBLISHING HOUSE
地 址 北京市朝阳区和平街 11 区 37 号楼 邮政编码：100013
电 话 010-88636419
印 刷 三河市嘉科万达彩色印刷有限公司
开 本 880mm×1230mm 1/32
字 数 148 千字
印 张 9.25
版 次 2022 年 2 月第 1 版
印 次 2022 年 3 月第 1 次印刷
书 号 ISBN 978-7-5151-0828-5
定 价 49.80 元

# 吴 序

近年来一般中学生的程度，无可讳言[①]地比战前确实降低了许多，尤其国文科[②]，几乎要差到一年甚至两年，真是“一年不如一年，一届不如一届”。一个高中毕业生，连普通的一封信都写不通，哪得不令人嚷着教育破产呢？无怪乎社会群众蔑视教育，轻视教员了。

课余和同事们谈天，常会不自觉地将话题转到学生的学业上去，没有一个教师不摇头太息[③]，都觉得这种情形太危险了，对于国家民族前途的影响也太大了。每次为学生们批改文卷，种种情形更常常引起我的愤恨、憎恶，我有时掷笔而起，

---

① 讳（huì）言：不敢或不愿说。（本书中的注释除特别说明外均为编者注。）

② 国文科：即现在的语文科目，民国时称国文。（本书正文统称为“语文”。）

③ 太息：叹息。

绕室兴叹，那些“妙文妙句”，诚有“虽欲润饰，无从下笔”之感。

我在中学里教国文，虽然时间短、经验浅，但度此粉笔生涯，先后算来，也已整整五年半。在这断续的五年半中，我的胆量，越教越小；我的心思，越教越细；见了学生，越教越怕。起初的一年，我在课堂里讲授，并不觉得怎样费力，学生们也都似乎能够“心领神会”，近两年可不同了，有时因为求学生们“懂”，常常一个文句，除掉解释它的字和词及全句的意义，不得不像演剧般以表情、动作、假想等种种具体的方法帮助说明。有时一篇文章，不但从头至尾逐字逐句逐段地详加解释，更要应用说书的技术，设种种比喻，即便如此，学生们仍似乎不十分“懂”，所以我要胆小心细而害怕了。

再说学生们为读书而来读书的，可说绝无仅有，一百个当中，最多不过两三个。他们受教育好像都是“为人”，都是他们的家长迫令他们入学的，或者为着将来噉[①]饭时的一张文凭而不得不入学的。因之，大家都抱着敷衍了事混文凭的态度，功课但求“派司”[②]，懂不懂是

① 噉（dàn）：“啖”的异体字，意为吃或给人吃。

② 派司：英文“pass”的音译，意思是通过。

另外一回事。试看以这样的态度来求学，怎会有进步？水平怎得不低？

教师如是教，学生如是学，学期修满文凭到手，先生、学生如释重负。社会所需要的不是这种学生，学生贡献给社会的也不是在学校里所获得的学问，学非所用，用非所学。

诚然，在混乱的时代中，尤其是在具有大破坏性的战争过程中，由于政治不安定，社会不宁静，金融动荡，货币贬值，交通阻滞，物价高涨，生活艰苦，流离颠沛等种种原因，文化教育不但不能发展，反会停滞、倒退，欧洲的黑暗时代，就是历史上最显著的明证。近年，一般青年学生们的水平低下，当也不能过分苛责。不过无论如何，教师和学生到底不能辞其咎①。

然而其咎安在？教师因为学生的水平低，感到头痛而草草了事，更因为生活鞭策着赶钟点，不能认真地教，管学生懂也好不懂也好。学生对于典雅艰深的国文，本来就“趣味索然”，今先生既不顶真②，又不善诱，乐得偷懒。于是教者愈③教愈无趣，学者愈学愈乏味，互为因果而循环，造成“先生讲，学生听”的勉强现象，每况愈下。

① 辞其咎（jiù）：推脱过失。一般用作成语“难辞其咎”。咎：过失。

② 顶真：此处意为认真。

③ 愈：越。

学生的国文水平，本来就低下吗？国文真的艰涩乏味吗？这种情形固然有，但不能认为全是如此。一个人的天资固有高低，并不都是白痴。愚如曾参[①]，却传了夫子之道。所谓“聪与敏可恃而不可恃也，昏与庸可限而不可限也”，后天的教育与自己的努力，才能决定智能的高下。我国的文学，并不都是艰深奥涩，尽多“逸兴遄飞[②]”的妙文，如果“心不在焉”，也会“视而不见，听而不闻”，感到“索然无味”。所以国文一科，必使与其他各科同样的趣味化，引起学生学习国文的兴趣，培养学生的鉴赏能力，指导学生写作的技巧，鼓励学生培养阅读的情绪。同时学生自己也必须在文章中寻找兴趣，多读多看多写，随时注意，随时研究，尤须认清目的，读书是为自己读的，绝不是混张文凭就算了事，必须打起精神，提起兴趣。盖[③]兴趣可谓一切事业成功的要素，凡事有兴趣，则事半而功倍。故今日一般中学生的国文水平的低下，虽有前述种种原因，而教者、学者都感无兴趣，则是一个最大的症结。

至于“兴趣”两字说起来很便当，做起来却不易。挚

---

① 曾参（前505—前435）：世称“曾子”。春秋末年思想家、儒学大家，孔子晚年弟子之一，儒家学派代表人物。后世尊为“宗圣”。

② 逸兴遄（chuán）飞：指超逸豪放的意兴勃发飞扬。出自唐代王勃《滕王阁序》：“遥襟俯畅，逸兴遄飞。”

③ 盖：文言文用法，表示推测，用在句首，相当于“大概”。

友姜君建邦，替我们解决了这个困难，以其多年教学的经验，写成这本《国文趣味》，稿成后请我校阅，我反复读了十几遍，觉得这本书不啻[①]是著者的现身说法，文笔既清丽有趣，引证尤妙趣环生，把向来认为枯燥的国文说得那么津津有味，不但打破了青年学生视国文为畏途的难关，而且予国文教师以许多趣味的教材，为今日青年学生低下的国文学习现状开了一剂对症良方。

1946年9月23日

吴倬云序于市立缉椝中学

① 不啻（chì）：不止。

# 自　序

这本《国文趣味》[①]是我在几个中学教国文时的补充教材。最初有的曾经油印，有的只是口述，其中有几篇也曾在几个期刊上发表过。现在把它们集聚一起，成了这本书。

中学生对于国文课，常觉枯燥无味。在课室里，总是先生讲，学生听，两方面都没滋味。有的学生乘教员不注意的时候，偷做别的功课，或是打瞌睡。遇着严格一点的教师，学生也是眼在书上，心在外面，不能把教师的话吸收进去。为了补救这些缺点，几年来我教国文的时候，总是使它趣味化。不过这种趣味化，并不是随意说笑，而是把一些有趣的资料，插进所学的教材里面，

① 本书原名《国文趣味》，1946年由正中书局印行。为适应当代学生的阅读习惯，本书在语句方面做出相应的调整，并将书名改为《语文真的很有趣：38堂趣味语文课》。

像盐调和青菜一样。有时叫他们听，有时叫他们做，结果学生都感到极大的兴趣。

有的学生在课外闲谈时对我说：“先生，你的比喻真多，我们听了，很有趣味！”记得有一年在市立模范中学教初三的国文，暑假后回来，学生知道了我不教他们这班，改教高二的一级了，初三学生很不满意，推派代表向校长请愿，结果校长答应了他们。但高二的一级，听说如此，也不满意。校长弄得无法，只好两班国文都给我教了。直到现在，这些学生看见我，还常提起这一件“抢先生”的故事。

还记得在沪江大学沪东公社主办的职工夜校里，教一班初中二年级的国文，起初只有二十几个人，他们听得很得意，风声传开，学生渐来渐多，从二十几人增至四十几人，课室里空地方都立满了。后来改在大礼堂上课，不到一个星期，学生从二十几个人增到一百二十几人。这种情形使我对国文的教授更感兴趣。

这样一面教，一面搜集材料，几年来手头已有厚厚的好几册活页分类材料了。近一年来，我抽暇将所有材料略加整理，在自己的课上利用作文时间，比较有规律地讲过一遍，学生很感兴趣，这本书就是这样编成的。

作者学识浅陋，错误处在所难免，望读者指正。如本书能引起学生对国文的更大兴趣，和给国文教师补充一些有趣的教材，作者就引为满足了。

书成，承友人吴倬云先生替我仔细校阅一遍，减少许多缺陷，谨致谢意。

1946 年 5 月

上海缉椝市中

# 目 录

CONTENTS

## 汉字的趣味



## 文体的趣味



## 文人的趣味

# 目　录
CONTENTS

## 文章的趣味



## 读书的趣味



## 作文的趣味

# 目　录
CONTENTS

# 汉字的趣味

# 一　你识多少字

中国的儿童到学校里去，不是求学，也不是读书，乃是识字。大人看到初入学的小孩子总是问他："你识了几个字？"小学生从第一天到学校里，就是识字。从小学升入中学，还是翻字典，问先生，努力识字。即使在大学里，还免不了有识字的工作。我们这样努力识字，到底已经识了多少字呢？中国究竟有多少字？识多少才够用？这都是有趣味的问题。

中国字都是单独的，所以数目很多。多得一个人读了半生的书，还有许多不识的字。有的语文教员叫学生背字典，结果也不能把中国字统统认识。

中国字虽然很多，但大部分已经是无用的"死字"了，除了专门研究文字学的人，在这些字里钻研以外，我们用不着完全认识它们——而且实际上完全认识也是不可能的事。

中国字中，虽然有一部分是"死字"，已经没有多少用处，但是还有一部分是我们常遇到的，是很有用的字，普通称之为“常用字汇”。这些字我们应当首先去认识，并且要识得十分正确。这是于阅读、写作都有很大的利益的事情。

我们先来谈谈中国字到底有多少个吧！

中国字的数量，历代不同，因为每个时代都有新的字产生。并且现在所有的字典，因为用的人不同，所以编印的字也不同。马瀛编的《平民字典》里，只有 4 431 个字；王云五的《小字典》里有 15 431 个字；《康熙字典》里有 42 174 个字；《中华大字典》里有 44 908 个字。从 1920 年新文化运动以来，欧美学术输入，中国的新字增加了许多。有人估计新旧字总共算来，总数在 46 000 个单字以上。这个数目恰好是我们全国人口的万分之一。

汉《说文解字》（许慎著）9 353 字

魏①《声类》（李登著）11 520 字

魏《广雅》（张揖著）18 150 字

梁《玉篇》（顾野王著）22 726 字

唐《唐韵》（孙愐著）26 194 字

---

① 本篇此处和下文的魏指北魏。

宋《类篇》（王洙、胡宿等著）31 913 字

明《字汇》（梅膺祚著）33 179 字

清《康熙字典》（张玉书等著）42 174 字

民国《中华大字典》（欧阳溥存等著）44 908 字

从这里，我们知道中国字在魏朝和清朝增加得最多。这大概是因为魏、清两代和外族接触很多，吸收了许多外族语的缘故吧！

中国字这样多，要都认识实在不是一件容易的事。我曾经这样计算了一下，如果一个人每天识五个字，不分晴雨，不论假日，不管生病与否，一年三百六十五天，天天如此，要识得所有字得花费二十五年以上；每日识十个字，也要费十二年半以上的光阴。

为了免除这个困难，所以有一些无用的字，我们就不必学了。单把有用的字学会也就够了。但是，哪些字是最有用的呢？我们要识多少字才够用呢？这是我们要谈的第二个问题。

为了解决这个问题，许多人花费时间来研究。1920 年，陈鹤琴把许多儿童读物、新闻纸[①]、杂志、小学生课外作品、

① 新闻报：此处意为报纸。

新旧小说、《圣经》等书里面的字，分析研究，得到语体文应用字汇 4 261 个。敖弘德也把国父[①]的《留声演讲》《中国革命史略》《谚语选》《新生活》及《时报》里的字分析研究，得常用字汇 4 339 个。李智曾估计说，“最常用的四千个字，得占普通读物的 99.8%”。可见一个人如果识四千个中国字就可以够用了。四千字不过占中国字总数的十分之一。可见中国的“死字”是多么得多。

你知道你识多少字吗？这是我们要谈的第三个问题。

也许你以为自己识得很多个中国字，绝对不止四千这个数目。我恐怕你估计得太多。不信的话，现在可以试验试验。

在下面有一百个字。这是用机会法从一本字典里抽出来的（原测验为中国心理学家张耀翔所编）。一百字中的每一个字，代表 135 个字。因为字典里总共有 13 500 个字。你先把一百个字，一个一个地认识一下，只要知道那个字的读音和意思，就是识了那个字。看看一百个字里，你总共认识几个，然后乘 135 倍，就是你现在识字的数量。比如，一百个字里，你识（如果只知道读音，不知道意思，或是只知道意思，不知道读音，就算半个字）32 个，那么，32×135=4 320，你就共识 4 320 个中国字。足够阅读普通

① 国父：这里指孙中山。

的书报了。下面就是测验用的一百个字：

花、和、叩、切、全、居、奔、科、直、台、腓、职、谨、异、璧、纲、纣、猖、密、岛、邦、朵、侨、俱、俞、助、协、噜、汁、陭、喋、枯、狂、疆、桔、瘦、羹、蚤、药、荫、轴、辩、鲤、策、窝、放、消、漕、时、朏、烝、滥、旗、遥、凱、郏、蘸、錤、坺、增、挂、扦、憍、您、揞、桀、樗、栊、殳、撬、泐、磟、莋、赚、饳、裖、閇、灵、缰、簸、蛊、篮、瘭、渚、猿、焰、臞、葰、趆、鴂、眺、訛、獾、鎝、黳、馯、髌、鵬、龤、韽。

根据许多人的统计结果，初一的学生，应当识 4 262 个字；初二的学生，应当识 4 887 个字；初三的学生，应当识 5 114 个字；高一的学生，应当识 5 473 个字；高二的学生，应当识 5 632 个字；高三的学生，应当识 5 862 个字。你识多少个字呢？诚实地测量一下吧！如果在标准以下，你应当努力识字，否则你的语文程度就有落后的危险！

# 二　汉字的趣味

有一个外国人说："中国字是世界上最有趣味的文字。"

的确，中国字是很有趣的。它除了实用的效能以外，还可以被当作艺术品，做游戏的工具，甚至做迷信的材料。

我们先来谈谈中国字的艺术性。

在我们的客堂里、书室中、商店家、办公处，往往喜欢挂着名人的字，作为点缀。即使乡下人，在过新年的时候，也喜欢在门上贴几副红对子。为什么要这样呢？因为中国字是一种艺术品，像图画一样。你看，每一个字都像一座建筑物，有它自己的构造和姿态。每一个字都像一朵小小的鲜花，耐人寻味，可供欣赏。尤其是加上劲拔的笔锋，乌黑的松墨和朱红的印鉴，造成我们特有的东方艺术。

中国字之所以这样美观，其中有一个主要的原因，就是中国字大都是对称的。对称的东西常是美丽可爱的。中国人尤其喜欢对称的东西，你看家庭的布置，椅子分列两旁，花瓶总是一对，门是两扇，楹柱[1]左右各一，石狮东西对列，厢房分为东西，大厅的门也分上下。社会上有许多美丽的符号，都是对称的，红十字会的十字，红卍字会[2]的卍字，基督教的十字架，青年会的三角，都是不偏不倚的图案。如果你留心，会发现社会的许多地方都含着对称的成分。再说，我们人体的外形，不就是一个对称的典型吗？手、足、耳、目都是左右各一，无怪我们人类这样自负了。

中国字正合这个均称律。我曾统计过一部小字典，1 829个单字之中，像“燕、雨、朋”等十分均称的字有572个之多，占全体的30%。中国文学中有许多美句，字字都是均称的，像“暮春三月”“万里无云”“霓裳一曲”等都是。我曾经这样梦想，若是有人能完全用均称的中国字写美文一篇，字形的美和内容的美合奏，必能成就一篇空前的佳作。

中国字之所以美观，还有一个原因，就是中国字是象形字[3]，字形上能够表达字意。拼音的文字是以形表声，中国字是以形表意，有“一字传神”的功能。例如“赫”字十足地表现出一个大将威武的神气。一个“嫣”字可以表

---

① 楹（yíng）柱：厅堂前部的柱子。

② 红卍字会：又称道院，提倡佛教、道教、儒教、伊斯兰教、基督教五教合一。卍，读作wàn，一个符号，来自梵文，是佛教相传吉祥的标志。

③ 象形字：由图画文字演化而来的，是一种最古老的字体。属于表意文字。

现出一个美女回眸微笑的姿态。《文心雕龙》[1]里有这样的几句话："灼灼状桃花之鲜，依依尽杨柳之貌，杲杲[2]为日出之容。"都是说明这个"一字传神"的意思的。

有时我们翻阅一篇记叙文，一眼看去，不要细读，就可以领会所描写的是山水，是花草。因为字里行间都呈现着水、石、花、木、园、林、芳草的样子，好像一幅绘出的图画一样。

其次，我们再谈谈中国字的游戏性。

文字本来是游戏的工具之一。像欧美的"迷阵游戏"（puzzle）不是文字的游戏吗？中国字因为是一个个各自独立的，像些方木一样，可以搭成各式各样的玩意儿，并且中国字多是由几个字拼拢起来的，所以有一种拆合性，这种拆合性，便产生了一些有趣的游戏。一个"讀[3]"字，可以拆成"言、士、四、具"四个字。一个十字和一个口字，可以合成古、叶、田、由、甲等字。有人用这种拆合的方法，编出下面一些有趣的句子：

---

① 《文心雕龙》：中国古代南朝文学理论家刘勰（xié）创作的一部理论系统、结构严密、论述细致的文学理论专著，也是中国文学理论批评史上第一部体系严密的理论专著。

② 杲杲（gǎogǎo）：明亮的样子。

③ "讀"为"读"的繁体字。书中有很多例子作者是基于繁体字来分析的，不便改作简体字，故皆保留繁体字形，下同。

门口问信，人言不久便来。

八刀分肉，内人和议不均。

奴手拏①花，草化为萤飞去。

一个字既然可以拆成几个字，因此产生了一种拆合对字的游戏。例如“天”字，可以分成“一大”；“示”字可以分成“二小”。“一大”正对“二小”，所以“天”可以对“示”。这叫“拆合对字”。下面就是一些这样的对字：

蚂　呀　垢　恰　聂　恃　泉　惜　哩　咳

鲜　聒　锽　吩　品　螳　墨　吟　忖　忸

读者若是有时间，可以试试看，把下面的十个字用拆合的方法寻出一个对字：時②、蒋、秒、堤、牲、梯、柏、驷、踏、知（答案在本文之后）。

中国社会上有一批人专以测字混饭吃，就是利用中国字的拆合性以应和人意。现在举个例如下：

据说在清乾隆时候，苏州有一个测字的，名叫范时行，

---

① 拏（ná）：“拿”的异体字。

② 時：“时”的繁体字。

本领很好。一天，有一兵卒拈得一“棋”字，问终生运气。范时行对他说：“下围棊[1]的时候，棊子越住越多；下象棋的时候，棋子越住越少。现在你拈的是象‘棋’，不是围‘棊’，从木不从石，恐怕你家里的人口一天凋零一天吧？”

那兵卒告诉他是的，并且又问：“日后运道如何？”范时行对他说：“我看你是行伍中人，是棋中的卒。卒在本界止行一步。如果过河，则纵横皆可行。照此看来，你当远走，方可得志。”

若是把测字认为可信，就是迷信；若是把测字看为一种游戏，倒是十分有趣。

《春渚纪闻》[2]里记载了这样一件事：有一个成都人，名叫谢石，字润夫，专以测字言人祸福。某日，有一人随手写一“也”字，问日后官运怎样。谢石对他说：“也字加水则为池，加马则为驰，今池运则无水，陆运则无马，所以没有升官的可能。”接着谢石又对他说：“你的亲人都不存在了吧？因为也字加人为他，今只见有也而不见有人。不但如此，你的家产，也都荡尽了吧？因为也字加土为地，今只有也而不见土，所以你人财两空啊！”

---

① 棊（qí）：同“棋”。古时“棊”指围棋，如今通用为“棋”。

② 《春渚纪闻》：笔记集，北宋何薳（yuǎn）著。多记载仙道异事、民间奇闻，和一些本朝的诗词轶事。多为荒诞之谈。

中国字还给了我们一种游戏，就是“灯谜”。这种游戏，不知道在中国的家庭里、朋友间，造出多少快乐。在《红楼梦》《浮生六记》等书里，都有这样的记载。下面是几个很好的字谜：

（一）半放红梅。（繁）

（二）半牆[1]斜月十分明。（將）

（三）半推半就。（掠）

（四）两点一直，一直两点。（慎）

（五）一夜十天。（殉）

（六）三人同日去观花，百友原来是一家，禾火二人对面坐，夕阳之下有双瓜。（春夏秋冬）

中国字是象形字，构造复杂，难学难写。这是大家所公认的。但是因它含有艺术性、拆合性，所以变化无穷。如果我们用一种轻松的眼光看它，便妙趣丛生，耐人寻味了。

（拆合对字答案：腑、箱、夥[2]、杯、狮、况、清、伍、撞、弭。）

---

① 牆：“墙”的繁体字。

② 夥（huǒ）：〔1〕多。〔2〕“伙”的繁体字。

# 三　联语

中国字是个个独立的，所以可以做对字。记得少时老先生还咕咕噜噜讲些“天对地”“月对风”“大陆对长空”一类的话给学生们听。虽然现在语文课里不做这套把戏了，但是楹联、挽联、喜联，仍旧很风行。这自然因为我们中国人还有这种爱好、对联本身尚有它的乐趣，否则它早就跟女人的小脚一起被淘汰了。

中国的对联应用很广，在客堂里有它，在书斋里有它，在亭榭里有它，在楼阁上有它，在古迹处有它，在别墅里有它，在庙宇里有它，在祠社里有它，在商店开业时有它，在乡村演戏时有它，人家有喜事用它道贺，朋友死了用它挽悼……对联在我们中国人的生活里是到处会遇见的。因为它是一种艺术品，是一种很有趣味的点缀，所以至今风行。

对联的开始，据说是“肇[①]于五代之桃符，孟蜀‘余庆

① 肇（zhào）：开始。

长春'十字，其最古也”。至于应用于楹柱，是从宋朝开始的。至元、明以后才大大风行，成了文人应酬的妙法。

中国的对联，有些是富有趣味，相对巧妙的。这些作品大都出于“才子”之手，虽然是游戏的文字，但也可供赏玩。例如金圣叹[①]有副妙对是：“半夜二更半，中秋八月中。”纪晓岚和友人同游西湖，在雷峰塔下，遥望双峰插云，友人想出一联，和纪晓岚为难：“双峰隐隐，七层四面八方。”纪晓岚听了，略加思索，就对出下句：“孤掌摇摇，五指三长两短。”

张之洞在八国联军一役时做司令。有一个外国人作对侮辱中国说：“琴瑟琵琶，八大王单戈对战。”张之洞立刻写出下联以报复：“魑魅魍魉，四小鬼合手擒拿。”

四川某银庄开幕，请才子李调元代撰一联。送到之日，打开一看，写的是：“长长长长长长长，行行行行行行行。”掌柜莫名其妙，立刻请李调元来，设宴请教。李调元就解释说：“我希望你的银庄有发展，所以上联是：长长、长长、长长长（原来二四七三个字读作生长的长，余字读长久的长）；我又佩服你的才能，各行事业都能行，所以下联是：行行、行行、行行行（二四七读作行动的行，余字读银行

① 金圣叹（1608—1661）：名采，字圣叹，明末清初著名文学家、文学批评家。

的行）。”掌柜听了，才恍然大悟，心里非常快乐。

有少数的对联，确是十分巧妙。例如大家都知道的妙联：“五月黄梅天，三星白兰地。”又如“冰凉酒，一点二点三点；丁香花，百头千头万头”等都是。

有人曾写过一副对联，上联是：“独览梅花扫腊雪。”字音和音乐乐字 1、2、3、4、5、6、7（do、re、mi、fa、sol、la、si）相似。下联是：“细睨山势舞流溪。”声音和一、二、三、四、五、六、七相近。音既相近，字是相对，颇为有趣。

有些对联，不但对字巧妙，并且可以倒读。例如西湖花神庙对联和纳兰性德[①]的词，可做代表：

紫紫红红处处莺莺燕燕，
暮暮朝朝年年雨雨风风。

雾窗寒对遥天暮，
花落正啼鸦，
袖罗垂影瘦，
风剪一丝红。

① 纳兰性德（1655—1685）：字容若，清朝著名词人，“清词三大家”之一，代表作品《饮水词》。

中国从前有个女子，织成一块回文锦，寄给她的丈夫。该文无论直读、横读、倒读、斜读，都能成文，确是世界上的一大奇观。

有些对联，写意微妙，耐人寻味。例如："绿水本无忧，因风皱面；青山原不老，为雪白头。"这一联词意俱佳，为不可多得的联句。

在名胜地方的对联，大多数是描写风景的。这种联句之中往往能一句话写尽全部景致，例如济南大明湖上的一联：

四面荷花三面柳，一城山色半城湖。

凡游过大明湖的人，都对刘金门[①]的笔法称绝。

宣武门外永庆寺的僧房，有一对联，描写山景，很是逼真："石压笋斜出，岩垂花倒生。"最有趣的是龚正谦题熙春山的对联，上联完全是写看见的，下联完全是写听见的：

放开眼界，看朝日才上，夜月正圆，山雨欲来，淡风初起。
洗净耳根，听林鸟争鸣，寺钟响达，渔歌远唱，牛笛横吹。

---

① 刘金门：即刘凤诰，乾隆年间曾为翰林院编修。

大多数的联语是带警惕性的，好像格言一样。一副意思很好的对联，挂在房里，天天看见，可以借以磨炼自己。不过这种联句，大都陈腐，好的不多。郑板桥有副对联说：“咬定几句有用书，可忘饮食；养成数竿新生竹，直似儿孙。”倒还不俗。程梓庭有副对联说：“无多事，无废事，庶几[1]无事；不循情，不骄情，乃能得情。”也很有道理。

中国的对联，几乎成了一种专门的学问。许多文人喜欢在这上面下功夫。《万有文库》[2]里有一部《楹联丛话》，搜集各地楹联极多，可以看看。

---

① 庶几：文言文用法，表示希望的语气词，释为或许可以。

② 《万有文库》：商务印书馆于1929年起开始出版的综合性丛书，共收书1 710种，4 000册，由王云五主编。该丛书是20世纪上半叶最有影响力的大型现代丛书。

# 四　字的建筑

在欧美有一种文字游戏，叫“字的建筑”（Words building）。先拟定几个字母，然后随意用这些字母（用全部字母也可，用几个也可）拼字，看谁拼得最快最多。比方 a、e、i、l、r、p 六个字母，可以拼成“air、ripe”等词。这种游戏一面可以练习拼词，一面也能测验智力的高低。智力高的，自然想得快，做得多，因为他有组织的能力。

中国字是象形的，并没有字母，但是也可以做字的建筑游戏。方法是拟定几个简单的字或是笔画，用这些字和笔画拼成许多字。例如用“一、丿、十、口、八、小”等单位，可以建筑出六十多个完全的字：

干、士、土、古、杏、早、日、甲、由、申、香、白、右、禾、京、米、只、失、石、日、舌、东、本、果、公、尺、叶、术、囚、卡、困、含、味、台、木、因、和、走、四、吉、少、合、舍、叭、六、吐、余、佘、呆、千、夫、尖、示、不、壬、呈、大、太、犬、朱、末、未、午、牛、告、平、半、咪、今……

中国字，每个都是完美的建筑物，虽然有的整齐、有的斜倾，但都像一座小楼房、小亭榭那样悦目。如果你有兴趣，可以用下面的六个单位做材料，看你能建筑出多少字来。

丿、一、十、口、大、木。

有人曾做过许多试验，用以上六种材料，在十分钟之内，平均可以造出三十个字。你能造出多少呢？

从这个游戏上，我们可以看出，中国字虽然复杂，但是它的元素——基本字形并不多。中国字总数有五万多，也不过是这些简单的基本字形拼写出来的。

我曾分析了一本小字典，该字典共有单字 4 292 个。所得基本字形共 277 个。其中最有用的是“口”字，在 4 292 个字中，有 756 个字有口的字形，其次是“日”字，占 250 个，“木”字占 224 字。

我常想，如果用这些基本字形，编成《民众识字》课本，便可以减少许多写字上、认字上的困难。比如，你会写一个“口”字，那么就会写七百余字的一部分；会写“木”字，就会写二百余字的一部分。这样的学习，不是很有效力吗？

也许有人对民众教育有兴趣，兹将这些基本字形，介绍如下：

中国字形的分析

（字形）（次数）

| | | | | | |
|---|---|---|---|---|---|
| 口<br>七五六 | 日<br>二五〇 | 木<br>二二四 | 月<br>一七四 | 言<br>一五一 | 土<br>一四四 |
| 又<br>一二三 | 田<br>一二三 | 女<br>一二四 | 心<br>九七 | 贝<br>九〇 | 隹<br>八六 |
| 金 八〇 | 夕 七八 | 十 七六 | 王 七〇 | 虫 六七 | 力 六五 |
| 大 六四 | 禾 六五 | 目 六三 | 车 六七 | 火 五八 | 吉 五四 |
| 四<br>五二 | 人<br>五一 | 小<br>四九 | 巾<br>四九〇 | 耳<br>四八 | 立<br>四七 |
| 戈 四七 | 寸 四五 | 艮 四四 | 臼 四三 | 止 四二 | 山 七〇 |
| 子 三九 | 页 三九 | 工 三八 | 酉 三八 | 示 三七 | 皿 三七 |
| 石 三七 | 白 三七 | 米 三六 | 用 三六 | 殳 三六 | 弓 三六 |
| 方 三五 | 矢 三五 | 七 三三 | 牛 三三 | 欠 三三 | 豕 三三 |
| 豆 三四 | 马 三三 | 足 三三 | 斤 三〇 | 农 三〇 | 干 二七 |
| 尸 二七 | 比 二七 | 曰 二九 | 犬 二七 | 羽 二七 | 臣 二六 |
| 鸟 二五 | 音 二五 | 见 二二 | 吉 二四 | 回 二四 | 戊 二五 |
| 西 二五 | 辛 二一 | 共 二五 | 且 二一 | 疋 二〇 | 羊 二〇 |

| | | | | | |
|---|---|---|---|---|---|
| 匆 二五 | 已 二一 | 丁 一五 | 卜 一六 | 乃 一七 | 天 一九 |
| 尹 一九 | 合 一九 | 非 一九 | 户 一八 | 可 一八 | 里 一八 |
| 者 八上 | 亡 一七 | 采 一七 | 壬 一五 | 氏 一六 | 乎 一六 |
| 中 一五 | 册 一六 | 冉 一六 | 占 一五 | 圭 一五 | 而 一六 |
| 免 一三 | 亨 一六 | 其 一六 | 水 一三 | 文 一三 | 包 一三 |
| 朱 一三 | 台 一三 | 兄 一三 | 生 一四 | 舟 一三 | 母 一四 |
| 聿 一四 | 缶 一三 | 至 一四 | 辰 一三 | 禺 一三 | 柬 一三 |
| 高 一四 | 鱼 一三 | 毛 一二 | 曲 一二 | 内 一二 | 句 一一 |
| 甘 一一 | 并 一一 | 交 一一 | 亥 一一 | 谷 一一 | 吕 一二 |
| 幸 一二 | 果 一一 | 鬼 一二 | 娄 一二 | 佥 一一 | 勺 一〇 |
| 五 一〇 | 右 一〇 | 令 一〇 | 出 一〇 | 主 一〇 | 寺 一〇 |
| 青 一〇 | 卑 一〇 | 重 一〇 | 革 一〇 | 韦 一〇 | 曷 一〇 |
| 袁 一〇 | 商 一〇 | 黑 一〇 | 卢 一〇 | 龙 一〇 | 川 九 |
| 元 九 | 爪 九 | 斗 九 | 矛 九 | 身 九 | 京 九 |
| 黄 九 | 尧 九 | 齐 九 | 乙 八 | 也 八 | 乍 八 |
| 先 八 | 世 八 | 我 八 | 巠 八 | 充 八 | 卒 八 |
| 兼 八 | 敝 八 | 牙 七 | 夫 七 | 丑 七 | 半 七 |
| 央 七 | 巨 七 | 兆 七 | 米 七 | 同 七 | 赤 七 |
| 虎 七 | 子 六 | 井 六 | 有 六 | 骨 六 | 久 六 |
| 才 六 | 父 五 | 片 五 | 光 五 | 升 四 | 永 四 |
| 向 四 | 式 四 | | | | |

中国字的建筑性已如上述。而合成的词，也有建筑性。例如一个“节”字，在后面加一字可成为：

节欲、节奏、节育、节制、节哀、节俭、节省、节目、节操、节气……

又在前面加一字而成：

调节、忠节、贞节、礼节、音节、季节、关节、符节、气节、时节……

中国的词，有许多是两个意思相反的字联在一起而成的，例如：

厚薄、高低、善恶、刚柔、长幼、古今、强弱、是非、阴阳、表里、黑白……

但也可以把两个意思完全相同的字联在一起，造成一个词，例如：

参差、凄惨、络绎、联络、继续、低下……

这些例子，都证明中国字是有建筑性的。每个字都有它自己的特性，其结构、组织，都像一座小小的建筑物，有平衡，有对称，有和谐。字与字的辨识，因此就很有标准，不容易模糊。而西洋文字，每个字都是由一些大同小异的字母所组成的，又横列成一条平线，字与字间的个性，就减少了许多。

我记得幼年，还没有学习英文的时候，看见英文信上都是一串一串的曲线，好像都是一样的。我又记得在初入学时，学了一个“人”字，先生告诉我们说：“你看这不是一个人吗？两条腿分开来立在那里，多么容易记得啊！”我们听了，都是非常快乐，觉得中国字是有趣味的。

# 文体的趣味

# 五　几首奇特的诗

谈到诗，中国人都看作是风雅逸事。在许多时候，常用作诗寻乐，像李白的《春夜宴桃李园》就是代表。因为诗的本身，字句整齐，有响亮的音韵，读起来铿锵[①]悦耳。而且它的内容，又多是情意绵绵，辞藻[②]美丽，所以人们这样爱好它。

中国自古以来的诗，恐怕比文章的数量多。所谓“文人”，诗兴来时，一鼓作气可以写个十首八首，并不奇怪。这样成了习惯，或者说成了癖好以后，便出口成诗，因此中国的诗——尤其是短诗，实在多得不可胜计。

在中国的诗海里，有几首很奇怪的诗，很有趣味。

清朝的少女诗人何佩玉有一首十“一”字诗，用四句诗描写一个山水清静的地方，诗中有十个“一”字，非常有趣（此诗原见《女世说》）。

---

① 铿锵（kēngqiāng）：形容声音响亮而有节奏。

② 辞藻：诗文中工巧的词语，常指运用的典故和古人诗文中现成的词语。

一花一柳一鱼矶[①]，一抹斜阳一鸟飞。

一山一水中一寺，一林黄叶一僧归。

此诗虽然有这样多的“一”字，但读来没有重复的感觉。清代诗人李密庵有一首《半半歌》，比十“一”字诗更饶趣味：

看破浮生过半，半之受用无边。

半中岁月尽幽闲，半里乾坤宽展。

半郭半乡村舍，半山半水田园。

半耕半读半经廛[②]，半士半民姻眷，

半雅半粗器具，半华半实庭轩。

衾[③]裳半素半轻鲜，肴馔半丰半俭。

童仆半能半拙，妻儿半朴半贤。

心情半佛半神仙，姓字半藏半显。

一半还之天地，让将一半人间。

半思后代与沧田，半想阎罗怎见。

酒饮半酣正好，花开半吐偏妍。

① 鱼矶（jī）：可供垂钓的水边岩石。

② 廛（chán）：古代城市平民的房屋。

③ 衾（qīn）：被子。

帆张半扇免翻颠，马放半僵稳便。
半少却饶滋味，半多反厌纠缠。
百年若乐半相参，会占便宜只半。

林语堂[1]认为，这种“半半思想”是中国人的得意杰作，也就是孔夫子的中庸之道，凡事不趋极端，适可而已。这首《半半歌》，十足表现出这种思想。

有一次读《日报·副刊》，读到一首《人字》诗。诗中含有二十五个“人”字，把人的关系写得很是清楚：

人类人相食，人人与人人。
人间圣人出，人人人其人。
人君人上人，人人人下人。
人与人人等，人人尊一人。

这种一首含着许多相同的字的诗，非常稀罕。还有一些诗，有时含着相同的字眼，但各句并不尽同。例如下面的一首诗，是各句首二字重叠，读来也觉有趣：

① 林语堂（1895—1976）：中国现代著名作家、学者、翻译家、语言学家。于1940年和1950年先后两度获得诺贝尔文学奖提名。代表作《京华烟云》。

青青河畔草，郁郁园中柳。
盈盈楼上女，皎皎当窗牖[1]。
娥娥红粉妆，纤纤出素手。

清代诗人唐元观，曾经作了一首诗，把“花月”二字，镶在每一句里面，一点没有勉强的感觉：

月上东墙花影偏，花香月色到帘前。
卷帘步月穿花径，爱月怜花人未眠。

（《历代女子白话诗选》）

中国从早就有一种“回文诗”，回环往复，读之无不可通。例如下面这首诗，无论倒读，或由末句至首句，都有意思：

春晚落花余碧草，夜凉低月半梧桐。
人随雁远边城暮，雨映疏帘绣阁空。

① 牖（yǒu）：窗户。

我曾看见一个茶杯的底上，写着五个字，绕成一圈，无论如何读都可成句，颇有“回文诗”的意味。五字如下：

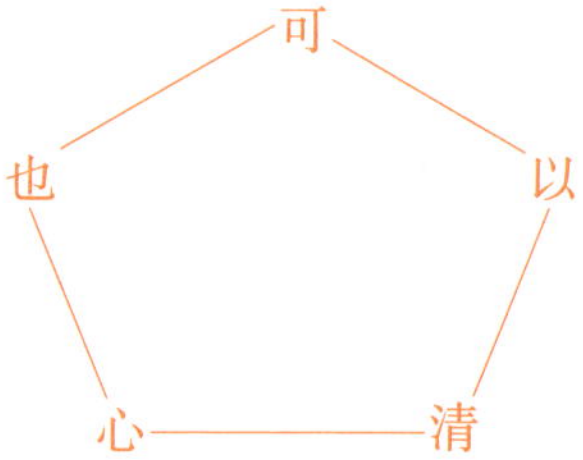


据说前秦时窦滔镇守襄阳，多年不归。他的妻苏蕙，听说丈夫在外另有所欢，曾织锦为回文，五彩相宜，纵横八寸，题诗二百余首，计八百余言，纵横反复，皆成章句，名叫《璇玑图》，寄给了窦滔。窦滔读了大受感动，立刻归家。这个《璇玑图》曾被人列为世界八大奇观之一。

# 六　最爱读的传记

英国从前有个事务大臣叫穆来卿。他住在达勃林[①]的时候，有一天，文人赖雅尔和亚斯圭斯来访问他。他们在凤凰公园左近的官舍里直谈到深夜。忽然亚斯圭斯从嘴上取去雪茄烟，问道："假如我们现在突然要被放逐到一个无人的荒岛上去，一个人只准带一部书，那么你带谁的哪本书去呢？"

大家举出自己欢喜的作家的作品来，但亚斯圭斯却说："我要带着巴尔扎克的传记去！"

传记这样地讨人喜欢！

如果有人问我最喜欢什么书，我也毫不犹疑地回答他说："我最喜欢读有文学意味的传记。"

传记是有趣的读物。每个人总有些有趣的轶事趣闻，被人记在他的传记里。这些资料比笑话更可笑，比幽默更深邃。下面的事就是例子：

① 达勃林：即如今爱尔兰首都都柏林。

当达尔文在非洲搜集标本的时候，一天，他在树林里突然看见一种奇异的甲虫，立刻弯身把它捉住。刚站起他又看见一只，立刻又把它捉住，一手一只甲虫，很是得意。就在这时候，又有一只甲虫出现在他眼前，达尔文哪里肯放它逃走呢！就把手里的一只放进口里，伸手去捉这只新发现的小动物，谁知甲虫在口里放出一种酸素，达尔文感到疼痛，立刻将甲虫吐出，在仓皇之间，手里的一只也逃走了，不用说地上的一只也乘机而逃。结果那三只甲虫，他一只都没有得到，那时达尔文目呆口张，是如何可笑！

土耳其的外交总长伊斯梅的耳朵有些聋，但并不是完全听不清楚。在第一次大战[①]的议和会上，伊斯梅利用耳聋，为国家争得许多利益。原来，如果大家所讲的对土耳其有利，他便都听见了，如果所讲的于土耳其无利，那么他过时都不承认，说他并未听见有过这样的讨论。这种外交的方法是怎样的幽默！

传记里充满了感动人、鼓励人的故事，使人读了受到极大的影响。

约翰·昆西·亚当斯是美国第六任总统。

一天，他的儿子从总统的写字台上拿了一张白纸，预

① 第一次大战：即第一次世界大战。

备写信，亚当斯看见了，对儿子说："不要拿那张纸，把它放到原处，这是属于政府的。在写字台的左边抽屉里，我有自备的信笺。关于一切私事的信件，我总是用自备的信笺来写的。"

这是怎样伟大的人格！

林肯竞选总统的时候，几个朋友从芝加哥会议场上打电报给他，告诉他当选总统尚差两票，只要他在接任总统之后，给他俩在国会中占个位置，那么票数即可满额。林肯立刻回复道："这不是交易，我决不许可！"

林肯的诚实无私，读之能不令人佩服吗？这一类的故事在每本传记里都有记载，这些简短的轶事，比公民的理论有力得多了。

有许多传记，读了可以加强我们奋斗的力量。诗人弥尔顿是瞎子，科学家爱迪生是聋子，文人爱莫生、狄更斯都是抱病工作……这些人的身体缺憾，并没有拦阻他们的工作。约翰·班扬在狱中写了著名的《天路历程》。列宁的第一部著作也是在狱中写出的。司马迁的《史记》，是受了腐刑之后开始动笔的。恶劣的环境，不能拦阻他们工作，我们怎能受环境的拦阻呢？

良好的传记是青年人的良友。鹤见祐辅[①]有这样的几句话：

> 人当青年，正是易受外物感应的时候，所以青年时代所受的影响能支配我一生。得好影响的人们是有福气，受恶影响的人们乃不幸。不论好恶，在我一生中均难消灭。

这影响十之有九从人而来。

良好的传记如鲜活的人间动我心胸。年轻时阅读良好的传记，接触先哲高贵的人格者，其立身处世，能受其感化无疑。

所以阅读传记，除了文字上、历史上、社会上的获得以外，至少还有以下的三种利益：

（一）从古人思想活动之中摄取人生的乐趣；

（二）学习成功人物应有的精神；

（三）刺激我们的向上心，并且给我们无限的慰藉。

我们都知道林肯青年时，借得一本《华盛顿传》，他

① 鹤见祐辅（1885—1973）：日本作家，自由主义者，政治家。他的主要作品是随笔集《思想·山水·人物》。

细读这位开国元勋的事迹，真是针孔相投，从头至尾读了数遍，心里很受感动。这本传记就奠定了他后日立业的基础。

甘地读《穆勒传》，大受感动，萌生拯救同胞的意志。

巴金最喜欢的一部书是一本传记——克鲁泡特金的《我的自传》。他特地译出来做送给弟弟的礼物，并且对他弟弟说："你要读它，你要熟读它，你要把它当作你的终身伴侣。"

最后，我们谈几句中国传记的话吧！

中国最早的传记，据南梁任昉[①]《文章缘起》里说，传记始于东方朔，他曾作《非有先生传》。实际上这是一篇寓言。正式的传记是司马迁《史记》里的列传，每篇都写得活泼可爱。

中国的传记，有正传、别传之分。别传就是举一二事作为正传的补充，像轶事一类就是。此外又有自传，是自己写自己的事，像《五柳先生传》就是。下面是小说家老舍的自传，颇为有趣：

① 任昉（460—508）：南梁著名文学家，方志学家，藏书家，"竟陵八友"之一。《文章缘起》是一部文体论专著，专门探讨各类文体的起始。

舒舍予，字老舍，现年四十岁。面黄无须，生于北平。三岁失怙[1]，可谓无父；志学三年，帝王不存，可谓无君。无父无君，特别孝慈老母，布尔乔亚[2]之仁未能一扫空也。幼读三百千，不求甚解。继学师范，遂奠教书匠之基。及壮，糊口四方，教书为业，甚难发财；每购奖券，以得末彩为荣。示甘于寒贱也。二十七岁，发愤著书，科学、哲学无所懂，故写小说，博大家一笑，没有什么了不得。三十四岁结婚，今已有一女一男，均狡猾[3]可喜。闲时喜养花，不得其法，每每有叶无花，亦不忍弃。书无所不读，全无所获，并不着急。教书做事，均甚认真，往往吃亏，亦不后悔。如是而已。再活四十年，也许有点出息！

① 失怙（hù）：指死了父亲。

② 布尔乔亚：一般指资产阶级，是英文“bourgeoisie”的音译。

③ 狡猾：此处指“聪明”，不含贬义。

# 七　关于日记

几年抗战，最使我心痛的是损失了我的一束日记。我从高小[①]起，在长辈的诱导下养成了写日记的习惯。每天在入睡以前，写日记几乎成了我的必修功课。起初用的是小册子，为了携带方便，后来用中国纸订成簿子，为了收练习毛笔字的副产品。

记得有一段时间，我每个月记一个簿子，并且把朋友的书信、写作的草稿，以及发表过的文章，都剪贴了订在每天的日记后面，一年中集成厚厚的十二大册，又费去许多时间，把它装潢起来，好像一件珍宝似的藏着。

这样我写日记的工作，在学校里就传开了，有许多同学和我一样的做。有一个时期，我们还在周末大家交换来阅读，无形中组成了一个写日记的团体。

后来，生活书店出版《文艺日记》，我每年总是订购一册，有三四年之久，直到该日记不再出版为止。

① 高小：高级小学，指小学五、六年级。

这些日记里面，保存着我的生活，我的思想，朋友的往还，以及许多抄录的资料。它们简直是我的积蓄，我的精神仓库，我一向很当心地保存着。后来为了升学，远离故乡。这些册子也就和我分离了。

前年的秋天，家人来信诉说，敌人时常有入家搜查的恶行，他们怕这些日记给家人闯下什么祸患，所以一把火都烧毁了。我看了这封信，心里像死去了一位亲人一样地悲伤，我最心爱的一些资料，就这样损失了。怎能使我不心痛？

希望现在尚存的几年日记，不会再有使人心痛的事发生。

日记有几个不同的名称：有人称它作“生命史记”，有人称它作“一天的生活”。文豪鲁迅很幽默地称它为“夜记”，因为写日记大都是在晚间。

许多人一生都有自己的日记，最著名的是俄国文豪托尔斯泰，他从二十一岁开始写日记，直到他死的日子，其间有六十余年，没有间断。政府后来把这些日记出版了厚厚的几十册，都是很可贵的材料。

曾国藩的日记虽然有太多道德气味，但是对青年的修养，很有裨益[①]，是中国近代最好的日记之一。

---

① 裨（bì）益：益处。

古今中外的文人，有许多以日记出名的。如德国的剧作家奚柏勒、英国日记专家佩皮斯、俄国的德欧留夫斯基等都是。瑞士的海莫尔的日记，是一部不朽的杰作，世界各国都有译本。

奥国[①]少女丽达的日记，是大家喜欢的读物。她瞒着父母、姊姊，私下写自己的日记，她并不想出版，所以写得十分真实、有趣、动人。后来给人发现，代为出版。这部少女日记，博得许多读者的好评。

在中国的文学作品中，也有许多日记，像鲁迅的《马上日记》、郁达夫的《日记九种》、清人李慈铭的《越缦堂日记》，都是值得一读的。

日记除了可做文学作品欣赏以外，还有学术上、史地上、修养上、事务上等的功用。例如顾亭林的《日知录》是其毕生研究学术的记录。梁启超的《欧游心影录》里面，有许多是很有趣的事情。像1919年2月里，记载英国国会的“阿达”[②]（order），有下面的一段话：

---

① 奥国：指奥地利。

② 阿达：英文“order”的音译，意思是“规则”。

他们（指议员们）的“阿达”，每到议案表决时，先行摇铃，隔两分钟摇一次，三次后会员都要齐集廊下，分立左右，以定可否。格翁（英国老政治家格兰斯敦）正在洗澡（院内有浴室）。铃响起来，换衣服万赶不及。只得身披浴衣，头戴高帽，飞奔出来，惹得哄堂大笑。

他们的“阿达”，寻常演说是光着头的，唯有当表决铃声已响，临时提出动议，那提出人必要戴高帽演说。有一回，格兰斯敦提出这种动议，却忘记戴帽。忽然前后左右都叫起“阿达”来。他找他的帽子又找不着，急忙忙把旁座的戴上。格翁是个有名的大脑袋，那高帽便像大冬瓜上头放着个漱口盂，又是一场哄堂大笑。

像这种资料，在正经的记载里是找不到的。梁启超却把它生动地写在他的日记里面。

日记又是策励自我检讨的鞭子。

一天的工作完毕，行将休息之前，在肃静的夜里，把一天的工作做一次检讨，记载在日记里，给自己的生命留下些痕迹，这是颇有意义的事情。并且我们的生活在检点策励之下才有进步，写日记是最好的检讨方法。

我翻开自己旧日的日记，看见这样的一段：

一次的偷懒引起了热烈的勤谨。上星期六从编辑部回来的时候，没有带什么工作，心里很是难过——闲着是顶难过的事；又看见同事杨君在宿舍伏案译稿，我心里大受责备，责备我常忘记了自己的志愿，为什么星期六不做些心愿的事……此后当专心编译，不必注意零碎的短文。做一件大事，比做十件百件小事都来得愉快。

（1940 年 2 月 27 日）

我又翻到在大学读书时期的一天日记：

学期又开始了，当有一个新的起头。下面是我改订的自新谱：

生活方面——（1）六点前起床，起床后做早祷。

（2）九点后入睡，入睡前写日记。

（3）照预算用钱，无钱时不欠债。

处世方面——（1）任对谁要谦卑，勿骄傲自恃。

（2）对自己要充实，勿自欺自误。

（3）对公事要忠心，勿迁延偷懒。

学问方面——（1）动修学校课程。

（2）掘发宗教文学。

（3）增进英文能力。

我又翻到某一天的日记，里面保存了这样的一个思想：

“宁缺勿滥”是我最得意的一句生活指导，在我买物品时，没有钱我宁可不买，有了钱就买好的；在我做事时，不喜欢做，就索性不做，要做就做得好些；在我读书时，不愿读就不读，要读就读得像个样。我的做人有两条路：一条是不做人，马上结果这个生命；一条是好好地过一辈子，不空空地白占地土。

写日记是我最喜欢的工作之一。我常劝人做两件事：一件是多交朋友；一件是写日记。朋友多，人生多有快乐；写日记，生活常有改进。

怎样来写日记呢？有人这样说：

日记并不是给他人看的大文章，所以你用不着小心谨慎地多所拘束和顾忌。你尽管大胆坦白，任性任意地写下来就是。它帮助你记住了许多脑中装不下的事情；它供给你种种过去生活的有趣味的回想；它使你胸中所郁塞着的恼闷、烦躁、痛苦、快乐之情，发泄出来。要紧的是要真实、体贴、忠于自己的灵魂，万万不要装腔作势，摆出一副希望垂诸后世的虚伪的面孔。

# 八　书信的温情

“接到一封信，和来了个客。是同样令人欢喜的。尤其是没有特别事情而叙叙闲情的信，或是无所求于我而来谈天的客人的时候是这样的。”一个最会领略人生趣味的文人这样说。

是的，邮差来的时候，往往是我们最兴奋的时候，远隔万里，有声音轻轻地从纸上传来，使我们的心温暖。我们牵记的事，它会使我们放心；我们系念的人，它会使我们得到安慰。所以伏尔泰说：“书信是人生的安慰。”

在我们觉得苦闷、灰心、消极、失意的时候，一封信会再挑起我们的热情，送给我们希望，使我们从要瞌睡的状态下抬起了头，打起了精神。只要世间有绿衣人[①]存在，人们不会失去了热诚。

人是感情的动物，书信是感情的作品。在书信里面的感情是饱和的，最能动人。多少人因为一封书信解决了他

① 绿衣人：指邮差。

们的问题。《陈情表》是我们熟识的一封信。当时李密因为要服侍祖母不肯出外为官，但官府屡次派人来催，使李密无法应付。最后他写了这封信呈给皇帝，皇帝读了大受感动，答应了李密的要求，并且另外派两位女仆帮助他服侍祖母，命令郡县的兵保护他。一封书信有这样大的力量。

拿破仑是一位盖世英雄，没有人能改变他的主意，只有约瑟芬的情书能牵动他的行止。

文章是给“他”读的，日记是给“我”读的，只有书信是给“你”读的，所以读来特别亲切有味。一个人是孤单冷清，三个人便钩心斗角，产生小党派，只有两个人可以彼此互助，凡事商量，容易过和谐的生活。所以朋友的“朋”字是两个人，友好的“好”字是一子一女。多了就要发生问题。中国字的构造是很有意思的。

和朋友叙谈是人生一大乐事。但是朋友的相会有时和地的限制，书信便打破了这个难关，使我们可以在纸上谈心。邮局里每天收到的信件，传递的都是朋友的心情。

中国人的书函往来，常具艺术的风韵。信笺的图案，信纸的线条，都是颜色清淡秀丽，文笔也是大有考究。这些书信现在成了珍贵的艺术品，像字画一样地为人看重。

近代更有许多搜集古人书简的，像前几年就曾有位叫郑逸梅的人，在上海南京路大新公司四楼主办过书简展览会。美国摩根是世界闻名的书信收藏家，他的成绩，已被推许为天下的伟观了。

近代写信的方法，完全失去了书信的美。松墨变为钢笔，书写变为打字，这种机械的文明，抹杀了古代的艺术文明，使我们的生活过于落寞寂寥。所以鹤见祐辅主张，我们若是在繁忙的世代，偷半日清闲，写封笔端生风似的信札，也是一件畅怀的快事。

谈到中国文人的书信，有许多美丽的小品。其中写景最好的，首推陶弘景[①]的《答谢中书书》，短短的几行，写出一幅美丽的山川图：

山川之美，古来共谈。高峰入云，清流见底。两岸石壁，五色交辉。青林翠竹，四时俱备。晓雾将歇，猿鸟乱鸣；夕日欲颓[②]，沉鳞竞跃[③]。实是欲界之仙都[④]。

① 陶弘景（456—536）：南朝齐梁文学家、道教学者、炼丹家、医药学家。《答谢中书书》是其写给朋友谢中书的一封书信，此文称道江南山水之美，笔笼山川，纸纳四时，文辞清丽，堪称六朝山水小品名作。

② 夕日欲颓：太阳快要落山了。颓（tuí）：坠落。

③ 沉鳞竞跃：潜游在水中的鱼争相跳出水面。

④ 欲界之仙都：即人间仙境。欲界：佛家语，佛教把世界分为欲界、色界、无色界。欲界是没有摆脱世俗的七情六欲的众生所处境界。

自康乐以来，未复有能与其奇者！

（《陶隐居集》）

《板桥家书》[1]都是清爽可爱的，没有一点道德的说教气氛，而读之如有所得。例如《范县署中寄舍弟墨》第二书，说出自己理想的住宅，会给人无限的启示：

吾弟所买宅，严紧密栗，处家最宜，只是天井太小，见天不大。愚兄心思旷远，不乐居耳。

是宅北至鹦鹉桥，不过百步，鹦鹉桥至杏花楼，不过三十步，其左右颇多隙地[2]。幼时饮酒其旁，见一片荒地，半堤衰柳，断桥流水，破屋丛花，心窃乐之。若得制钱[3]五十千，便可买地一大陂，他日结茅有在矣。

吾意还筑一土院子，门内多栽竹树花草，用碎砖铺曲径一条，以达二门。其内茅屋二间，一间坐客，一间作房，贮图书、史籍、笔墨、砚瓦、酒董、茶具

① 《板桥家书》：清代文学家郑板桥所写的家书，主要写给其弟郑墨，呈现出农耕文化特有的民俗美。

② 隙地：空地。

③ 制钱：明清两代按定制由官炉制造的铜钱。

其中、为良朋好友后生小子论文赋诗之所。其后住家，主屋三间，厨房二间，奴子屋一间，共八间，俱用草苫[①]，如此足矣。清晨日尚未出，望东海一片红霞，薄暮斜阳满树，立院中高处，便见烟水平桥。家中宴客、墙外人亦望见灯火。南至汝家百三十步，东至小园仅一水，实为恒便。或曰[②]，此等宅居甚适，只是怕盗贼。不知盗贼亦穷民耳，开门延入，商量分惠，有什么便拿什么去。若一无所有，便王献之青毡[③]，亦可携去质百钱救急也。吾弟当留心此地，为狂兄娱老[④]之资。不知可能遂愿否？

（《板桥全集》）

诗人曼殊的信札，亦多风趣，是我喜欢的读物之一。下面是他卧病日本时（癸丑十二月）写给陈陶怡的封信：

道兄董姬无恙：至东不乐交游，故来看余病者，日仅二三人。尽日静卧，医师诫勿外出，欲一至儿时

① 苫：多意字，此处读 shān，意为草帘子、草垫子。

② 或曰：有人说。

③ 王献之青毡：典出《晋书·王献之传》。青色的毡子是家传的故物。后用“青毡旧物”比喻珍贵之物。

④ 娱老：安享晚年。

巷陌，亦不可得，思之黯然。病榻之侧，有碧磁大钵，余每面向之，犹忆念与道兄居祈小川町烘面包涂八达[①]时之乐也。今如梦寐耳！又忆一日随道兄赴蒲田园，观牡丹菖蒲，有丽人情意恋恋，瞩盼不舍，道兄岂不思念之乎？病室之外，有梧桐数株，举头望月，尚念上海解语之花，不识飞向谁家耶？老三老五老九，究属少病少恼否？敬求道兄善为护之，天心自有安排耳。余屡问医生，吾病何日可愈，何时可至上海食年糕八宝饭，医生笑而不答。迹彼心情，将谓和尚犹有揩油之兴，不宁冤哉？今日天气阴晦，藕生过存，席上佳人，一一都被藕生惊散矣。藕生情性中人[②]，余甚爱之。话南洲往事，蝉联竟日，闻街上卖豆腐乌乌之声，始仓皇辞去，谓明晨功课忙，留不得也。藕生尚为老僧唱爪哇曲子云："英——英——马利——布兰——尼故拉——支那。"此调之不闻久矣。

① 八达：英文"butter"的译音，即黄油。
② 情性中人：即性情中人。

# 九　词的特点——愁

纯粹的文学，不过是写个“情”字。中国文学中所独有的词不过是写情的一种——“愁”字。

你翻尽古今的词集，最好的词，是写愁情。愁，是词的特点。

本来诗词歌赋，可以写哀，可以写乐，可以写喜，可以写悲，但是，不知什么缘故，文人的笔下，十之有九多悲哀少喜乐。因此产生了愁的文学——词。

我曾翻阅中国古今词人的作品，发现愁的种种表现：

（一）用水来比愁的句子

（1）问君能有几多愁？恰似一江春水向东流。（李后主）

（2）请量东海水，看取浅深愁。（李群玉）

（3）大江日夜流，客心悲未央[①]。（谢朓）

---

① 未央：未尽。央：结束。

（4）请君试问东流水，别意与之谁短长？（李白）

（5）怅望迷南浦[1]，愁心水一涯。（张名由）

（6）溪流一派送愁来，山围四面裹愁住。（来集之）

（7）月在当头杯在手，愁似海，难填平。（韩纯玉）

（8）愁似秋水暂时平。（刘基）

（9）西风一夜剪芭蕉，倦眼经秋耐寂寥……愁似湘江日夜潮。（纳兰性德）

（10）冰合大河流，茫茫一片愁。（纳兰性德）

（二）用山来比愁的句子

（1）忧端齐终南，澒洞不可掇。[2]（杜甫）

（2）穷愁重如山，终年压人头。（李群玉）

（3）夕阳楼上山重叠，未抵春愁一倍多。（赵嘏）

（4）看晚山无数，围住闲愁。（汤传楹）

（5）汴水流，泗水流，流到瓜州古渡头，吴山点点愁。（白居易）

（6）东望云山君去路，肠断迢迢尽愁处。（张元干）

---

① 南浦：南边的水边。后常用称送别之地。

② 忧端齐终南，澒洞不可掇：忧愁的情绪像终南山那样沉重，浩茫无际，又怎能收敛！澒洞（hòngtóng）：广大无边际的样子。

（7）门外重重叠叠山，遮不断，愁来路。（徐俯）

（三）用花草来比愁的句子

（1）愁似故园芳草，东风一夜还生。（张名由）

（2）才愁春到还愁往，断肠芳草连天长。（吴祯）

（3）道旁杨柳依依，千丝万缕，抵不住一分愁绪！（戴复古之妻）

（4）试问闲愁知几许？一川烟草，满城风絮，梅子黄时雨。（贺铸）

（5）莫将愁绪比飞花，花有数，愁无数。（朱敦儒）

（6）愁共落花多，人逐征鸿去。（黄公度）

（四）愁似月

欢似浮云，愁似半残月。（夏树芳）

（五）愁似梦

半枕轻寒泪暗流，愁时如梦梦时愁。（欧阳铉）

诗词里的愁字，常和春秋相连，形成春愁、秋愁的调儿。从此也可见四季对人的情绪的影响。下面的句子便是例证：

（1）秋风秋雨愁煞人。（秋瑾）

（2）三分春色二分愁，更一分风雨。（叶清臣）

（3）一片湖光烟霭中，春来愁杀侬。（康与之）

（4）是他春带愁来，春归何处，却不解带将愁去。（辛弃疾）

从此我们知道，诗人词客是与愁结下不解之缘的了。在中国文学中，专门写愁的作品，也不算少。张衡有《四愁诗》，曹植有《叙愁赋》《愁思赋》《九愁赋》《释愁文》等，几乎成了写愁的专家。繁钦也有《愁思赋》《弥愁赋》之作，梁简文帝有《序愁赋》，庾信有《愁赋》等。只有苏东坡作《无愁可解》一词，兹照录如下，以为对照：

光景百年，看便一世；
生来不识愁味！
问愁何处来？更开解个甚底？

万事从来风过耳，又何用着在心里，

你唤作，展却眉头，

便是达者，也则恐未？

# 文人的趣味

# 十 文人怪癖

"文人无行"，中国很早就有这样的一句话。

大概文学家们的思想比较开豁，不受习惯的束缚，兴来时就旁若无人，或吃酒，或写诗，或哭或笑，好像是变态[1]的人，因此一般人看"文人"的行动是失常的。其实，每个人都有自己的怪癖，不过一般人并不像文人那样惹人注意。并且别人的嘉言懿行[2]，一阵子说说就完了。文人的怪癖常是给人写下，因此广播远布，传为佳话。

有些文人的怪癖，是很有趣味的。

英国有位文学家叫法勒（音译）的，他一生的著作，都是站着写的。著名的诗人弥尔顿作诗时喜欢躺在床上。哲字家尼采动笔写作前，喜欢到外面去散步。这种习惯是姿势的习惯。有人研究一个人的姿势，对于思想很有影响。据说把腿平放，放松地卧着，或是立着都有益于写作，因

① 变态：指人的心理、生理出现不正常状态。

② 嘉言懿行：有益的言论和高尚的行为。

为这种姿势可使血脉流通。

写文章需要最安静的环境。有的文人的怪癖就是由于这种要求。因为在安静的地方，可以深思。

《旧唐书》里记载：唐初“四大文人”之一[①]的王勃，他作文的时候，起初并不精思。先磨墨数升，然后喝些酒，卧在床上，用被蒙头大睡。到醒来时，执笔直书，不改一字。当时的人称王勃有“腹稿”。

宋代有个文人叫由浩，他作文的时候，必须藏在深深的草丛里，避开一切的人声。不久，从草里跳出来，立刻写成一篇文章。（见《宋史》）

隋朝有个文人叫薛道衡，作文的时候，必隐坐空室，蹋壁[②]而卧，听见门外有人就发脾气。（见《隋书》）

有的文学家，喜欢一定的颜色：匈牙利小说作家周开，一定要用紫墨水，才写得出文章；法国小说家大仲马用蓝色纸才写得出小说，用黄色纸才写得出诗歌，用玫瑰色纸才写得出散文。这些怪癖完全是习惯，好像我们早晨穿鞋子，成了习惯以后，一定要先穿左脚，或是先穿右脚才觉得舒服一样。又好像我们用惯了自来水笔的人，用墨笔写

---

① 唐初“四大文人”：此处指“初唐四杰”，分别是王勃、杨炯（jiǒng）、卢照邻、骆宾王。

② 蹋（tà）壁：紧挨着墙壁。

字就觉得不方便，而有些用惯毛笔的人，用自来水笔也同样受很大的影响一样。

文学家喜欢在写作时，借助于刺激品的习惯，这是很普遍的。李白喝得陶然之后，诗兴方浓，“斗酒百篇”。法国文人巴尔扎克写作时必喝咖啡。鲁迅、林语堂、高尔基等人，写作时必吸纸烟。用这些方法寻找刺激，以疏通思想之路，并不稀奇。最奇怪的是卢梭①和席勒②两人的怪癖。

据说卢梭思索时，便露着头顶，让太阳晒他的头盖骨，晒得热烘烘，思路格外畅快。德国诗人席勒，在创作的时候，喜欢闻烂苹果的气味，所以他的写字台上，烂苹果和纸笔是一样重要的。

最有趣的是：有一个文人，脱下袜子，一手弄着脚趾，有脚臭味传过来，方有妙文。

每个人都有自己的怪癖。每个文学家也有自己的怪癖。这种怪癖，一旦成了习惯，是有助于我们的工作的。并不必像戒烟那样地苦心来改正。“文人无行”，这是大众已公认的事实，有些怪癖，又算得了什么。不过我说这话是专

---

① 卢梭（1712—1778）：法国十八世纪启蒙思想家、哲学家、教育家、文学家，法国启蒙运动代表人物之一。代表作有《忏悔录》等。

② 席勒（1759—1805）：德国十八世纪著名诗人、哲学家、历史学家、剧作家，德国启蒙运动代表人物之一，被认为是德国文学史上仅次于歌德的伟大作家。

指怪癖说的。如果文人过分地纵酒、狎妓、不治生产、不修边幅、放荡不羁、狂倨无礼、随口谩骂等，倒是要不得的坏行为，关于这一点，梁实秋[1]曾有下面的一段话：

> 假如文人的无行，与文学事业真有密切之关系——换言之，假如文人若把无行的地方取消，文学的泉源就要干涸，那么，社会对于文化人之无行采取原谅姑息的态度，也未始不合理，然而很多人和很多事实告诉我们，文与行并无多大关系。

① 梁实秋（1903—1987）：中国著名现当代散文家、学者、文学批评家、翻译家，国内第一个研究莎士比亚的权威。

# 十一　短命诗人

文学家是不是死得早些？

许多人相信文学家的寿命比平常人较短。尤其是诗人，往往在年轻的时候夭折。是的，在历史上确实有许多短命诗人：英国大诗人拜伦三十四岁就死了；雪莱还不如拜伦，三十岁那年就离弃世尘；济慈比雪莱还要早亡，他二十六岁就一命呜呼；最可怜的是汤姆森二十三岁就到黄泉去了。

法国也有几个短命诗人。有一个叫兰波活了三十七岁，一个叫拉弗格活了二十七岁。德国诗人科尔纳恐怕是寿命最短的诗人了，他只活了二十二岁。

这些诗人的年龄，就能证明诗人是短命的吗？并不，也有许多诗人是长寿的：著名的华兹华斯活了八十岁，白朗宁活了七十七岁，丁尼生活了八十三岁，卡莱尔活了八十六岁，德国有个诗人叫阿恩特的，有着九十一岁的高龄。

从这些人看来，诗人短命的说法是不合理的。无论什么职业的人，总有短命的，也有长寿的。你不必怀疑，以为会写诗的人都必定夭折。

有人统计英国诗人的年龄平均是五十三岁，法国诗人平均是五十八岁，德国诗人平均也是五十八岁。我曾把中国的代表诗人，如李白、陶渊明、杜甫、白居易、韩愈、李后主[①]、周邦彦（中国词人实际上亦可称为诗人）等十余人，平均其年龄，为六十三岁。活到这样大的年纪，已经年过花甲，还算短命吗？

我们常有一个错误的观念，以为文人多用思想，这些劳心的事，消耗精力（energy）过多，所以使人的健康受损，因而短命。其实，用脑力的人并不比用体力的人多消耗精神，相反地，文人所用的精力比劳动的人更少。许多文人之所以体弱，是因为缺少运动，营养不足，或是忧虑过深的关系。

文学家的作品大都成于什么年龄？

许多人相信，伟大的文学作品成于四十岁以后的作者，因为年纪会赠给作者以丰富的经验，好像商人要有雄厚的

① 李后主（937—978）：即南唐后主李煜，南唐最后一位国君，宋军攻破金陵，李煜被迫降宋。李煜在作词方面有非常高的成就，对后世词坛影响深远。

资本，才能经营商业。例如英国利查孙，五十一岁发表《拔美拉》，司各特四十三岁刊行《威福雷》，霍桑四十六岁写作《红字》，雨果六十岁完成《悲惨世界》，罗曼·罗兰四十六岁写成《约翰·克利斯朵夫》，托尔斯泰四十八岁作《战争与和平》，陀思妥耶夫斯基四十四岁作《罪与罚》，曹雪芹晚年作《红楼梦》，吴敬梓四十九岁左右作《儒林外史》，蒲松龄五十岁完成《聊斋志异》。

文学作品需要经验和长期的酝酿，才能有伟大的成就。歌德的《浮士德》，从二十三岁打腹稿，到八十三岁才完成。弥尔顿的《失乐园》孕育了二十七年才脱稿。左思的《三都赋》，构思十年才写成了。像这样仔细忍耐的工作，才能磨砺出金钢石一样的作品。

文学家并不是全都这样迟缓，也有许多作家的写作是很快的。文兴到来，挥手即成。正如李白所说："日试万言，倚马可待。"英国侦探小说作家华莱士在三十二岁到五十三岁的二十一年之间，写了一百五十部长篇小说，三四百篇短篇小说，二十余种剧本。用这种速度来写作，自然免不了有粗制滥造的弊端发生。我们是很愿学文人的仔细和忍耐的，而不要学文人的多产和速成。

文学需要极大的热情，尤其是诗，青年人比老年人的情感丰富，精力充沛，所以有许多诗词、乐曲和艺术品，都是年纪很轻的人创作的。

美国诗人布莱恩特十岁即发表拉丁诗译作，十三岁写作《封锁》，十八岁写成《萨那托普息》，一八二六年，三十二岁时做了《纽约晚报》的主笔。

英国文人莱登六岁就会作诗，他的第一部著作，是十五岁那年出版的。

拜伦二十一岁作了《恰尔德·哈洛尔德游记》，立刻成了大名，做了诗人之王。他自己说："我早晨醒来已声名扬溢，成为诗坛上的拿破仑了。"

美国文人辛克莱，从十五岁开始写作，不久，每星期有五元的收入，可以过独立的生活。二十岁就有每年写二百万字的能力。大学毕业的时候，他平均每天写八千字。

易卜生十九岁发表处女作《卡提利那》。丁尼生在二十岁以前写了诗篇《恩德民》。

讲到中国的早熟文人，那就更多了。梁启超十九岁能缀千言。王勃六岁善文辞，九岁作"指瑕"，指摘颜师古所注之《汉书》内的所有错误。张耒十七岁作《函关赋》。

李贺七岁能辞章，韩愈不信，过其家使贺赋诗，援笔立就，韩愈大惊。谢榛十六岁作《乐府商调》，少年争歌之。

年龄不能限制文人的工作。有的人早熟，成就较早。有的人教育开始得早，所以早有作品问世。

文学作品的高低，也不受年龄大小的影响。少年人有不朽的大作，老年人也有万世不能磨灭的伟著。

文学是各种人的产物，也是各种人的读物。它是没有国际性，没有阶级性，没有年龄的限制。

# 十二　文人的出身

文学家似乎和穷有很密切的关系。“穷文人”“穷而后工”等话，是常常可以听到的，到底文人都是穷的吗？相反地，汪静之曾主张穷人不能做文人，他说：

> 经济是作家的肥料，肥料决定植物的荣枯，经济决定天才的高低……一个作家生长在富裕之家，便好像一粒种子，种在肥沃的泥土里，自然开美花，结好果；如果生长在贫穷之家，便好像一粒种子埋在缺乏肥料的沙地里，不枯死便算万幸了，哪能够开花结果？

这两种论调，哪一种合理？科学的统计证明，这些都是偏见。文人，并不见得一定要富裕的家境来培养，也不一定要贫穷来熬煎。在各种的家境里，都有著名的文人产生，并且他们的表现和成绩，也不分上下。

我曾统计一本外国文学史上的作者的出身，结果发现出于富贵之家的，占全体的百分之三十三；出身于中产阶级的，占百分之三十；出身于贫寒之家的，占百分之三十六。三种出身几乎完全相等。这是铁的事实，谁能否认呢？现在我们略举几个人做例证。

生活富裕，工作可以从容，自然是适合于作家的条件。但是富家的子弟，却往往是懒惰偷闲、不肯努力的多。正如拉丁谚语所说："才智与贫穷，富豪与痴钝，常常相伴。"如果在舒适的环境里，肯努力工作，那么自然有超人的成绩。很庆幸的是，自古富豪子弟里，有许多是这样的人物。

但丁、拜伦、雪莱、托尔斯泰、泰戈尔、屠格涅夫等人，都是贵族的子弟；海涅、洛斯金、辛克莱、易卜生等人，都是富商子弟；雨果、缪塞等人，都是军官的儿子。此外，像歌德的父亲是皇家顾问，家道颇为富有。莎士比亚的父亲也曾做过官，不过不是顶富贵的人家就是了。

中国的文人，也有许多出自富豪之家。《楚辞》的作者屈原，就是与楚同姓的贵族；曹氏父子——曹操、曹丕、曹植，自然是有钱有势；白居易、韦庄、李后主、苏东坡、辛弃疾等，都是出于帝王、贵族、官僚、大地主的家庭里；曹雪芹的祖父和父亲，都是江宁富翁，他自幼就生长在大观园一样的环境里；吴敬梓世为望族，祖父的遗产有二万余金。

这些人在富裕的环境里，因为肯勤谨地学习，所以在文字的园地里，结出硕大的果子，遗留直到如今，叫我们可以享受。

我们再考察中产阶级的文人，他们没有舒适的生活，但是也没有衣食的痛苦。这些人，如果懒惰偷安，就要落于贫苦之境，如果努力工作，他们的环境对他们还有适当的帮助。自古以来，中产阶级的人最为默默无闻，但是在文学史上也记载了许多出身于中产阶级的文人。

伟大的诗人华兹华斯是律师的儿子，英国诗人柯勒律治是牧师的儿子，罗塞特是画家与诗人的儿子，小说家沙克莱的父亲是东印度公司的职员，查理·金斯莱的父亲是文学家，也是牧师，罗曼·罗兰的父亲是位律师。

在中国文学史里，不容易分别各作家的出身，尤其是中产阶级的人物，大都使人模糊，不易考究。

现在我们谈到文学史上最光荣的一页，就是许多文人是出身于贫寒之家。幼年过着极苦的生活，这种环境激起了他们的向上心。为了要透一口气，所以他们努力不息，勤谨工作，结果和富豪之子和中产阶级的人们，有同样的成就。

俄国大文豪陀思妥耶夫斯基，十六岁在圣彼得堡工科学校读书，那时经济异常困难，完全过着穷学生的生活。他写信给父亲说：“我亲爱的父亲，当你的儿子向你要钱的时候，你总该想到他如果没有必要时绝不会烦扰你，因为我知道你很困难，所以我平常连茶都不饮的。”他写信给他的弟弟说：“我因为饥寒交迫，在路上生了病。一天大雨落了下来，我们都在露天下立着，我身上连喝一口茶的钱都没有的。”

英国小说家狄更斯，早年生活极其穷苦，曾雇给人家贴广告纸，他的学问全是出于自修。挪威文人易卜生幼年曾做过药店学徒。诗人卡莱尔是石匠与农夫之子。高尔基简直是坏小子出身。紫霍甫是农奴之子。左拉和安特列夫等人，都是出身于极其穷苦的家庭。

中国文人中这种出身贫苦的人也有许多。司马相如家贫无以为业，扬雄家产不过十金，梁启超家里穷得无书可读。

文人成功的条件，也许努力苦干，有勇敢坚定的意志，比富裕的生活更为重要。经济固然是作家的肥料，但是肥料多了，没有适当的水分和日光，这肥料要把田禾都害死的。安德鲁·卡耐基说："不要以为富家的子弟，得着了好的命运。大多数的纨绔子弟，给财富做了奴隶，不能抵抗一切的诱感，而至于沦落。你要知道享乐惯了的孩子，绝不是出身贫苦的孩子们的对手。"

文人的出身，不一定要在富裕的摇篮里。文人的笔也不一定要穷而后工[①]，最要紧的不是经济，而是努力的精神和坚决的意志。

① 穷而后工：旧时认为文人越穷困不得志，诗文就写得越好。

# 十三　文人兴趣的变迁

多少人从小就有做文人的兴趣，但是结果在文学的园地里一无所成；多少人本是有志于其他职业的，但是后来却成了文学巨子。

我们的兴趣常随着时代、环境和思想的不同而变迁，在这些变迁里面，有些事是很有趣味的。

大诗人海涅，年轻的时候，两次从商，但是他觉得商业不合他的脾胃，到底他放弃了商业，转向文学。他说："我自己是知道的，要叫我从事于商业，正如叫我去同皇女结婚一样……"海涅努力于自己最感兴趣的文学，终成了伟大的诗人。

一个人从事于自己最喜欢的事，并且努力地工作，这人是幸福的，他必有所成就。

许多青年在学校里本来是研究社会科学的、工学的、医学的，但是后来却转向文学。英国文人斯蒂芬森，初学机械与法律，后来对文学感觉有兴趣，创作了许多小说。司各特在大学里本是学习法律，但是他成了第一流的小说家。诗人华兹华斯起初有意做律师，结果成为诗人。辛克莱、歌德、司各特、卜鲁东、鲁迅等都是很好的证明。

诗人济慈十五岁时做了外科医生的学徒，戏剧家易卜生也当过药店的学徒，中国文人鲁迅到日本留学本是去学医的，但是这些人并未做医生，结果都成了有名的文人。

有的文学家本来是从事于机器或工程的。法国诗人卜鲁东初为工程师，后来专心于诗歌。巴尔扎克曾经营印刷事业，失败以后，以写作来清还债务。

许多文人曾和政治活动发生过关系，华兹华斯于 1790 年曾参加过法国吉伦特党。柯勒律治曾经参加军队生活，希望在北美建立一个乌托邦。拜伦曾参加希腊的革命运动。雨果曾为上议院议员，竭力反对拿破仑，提倡民主。高尔基曾参加革命运动。罗曼·罗兰亡命瑞士，组织世界主义的大联盟。辛克莱曾领导矿工举行罢工大示威。歌德曾为枢密院长，主持该院的行政工作。屠格涅夫曾参加自由运动，被判死刑，后来遇到大赦，得免于死。

中国有几位文人，起初都是学图画的，后来转向文学之路，像茅盾、钱歌川、白薇诸人都是，这也许是图画和文学有密切关系的缘故吧。

人们的兴趣常是变动的。这种变动有时于我们有害，使我们朝三暮四，没有一个中心工作，结果一无所成。但也有时，它对我们有极大的助益。因为一个人不是适合于各种工作的，有时适合我们脾胃的事，在这种变动中，会“得其所哉”，我们因此有惊人的发展。例如，鲁迅如果继续学医，也许埋没一生，做不出什么事业来，但是当他改从文学之后，声誉日高，终成中国的近代文豪。

谈到文人的兴趣，有一件事很有趣味，就是大多数的文学家不是专门从事写作，换句话说，他们一面写作，一面另外担任别的工作。

辛克莱·刘易斯说：“青年作家应当从事于两种职业，过着两重生活。应当和非文艺的世界接触，应当知道一般人的生活状况，未来的巴尔扎克或拜伦，不该整天坐在书桌旁边写东西，他该努力，学习第二种职业。”

是的，许多文人确是同时担任两个职务的，下面就是一个例子：

美国有一个诗人，开一间食品店，不但于事务以外有工夫写文章，并且还有时间编一份小杂志。

诗人爱默生是一位牧师和讲师。霍桑是一个海关职员和驻外领事。惠蒂尔是个农夫和编辑。郎费罗是个牧师。罗威尔是个牧师和外交家。惠特曼是个政府小官。梭罗是个铅笔制造者。

辛克莱悔恨自己太迟，他想在著作生活中找些工夫在生物实验室中工作，或是开一间小客栈，把生活调节一下。

中国的文人大都另外有职业。靠着写文章来生活，在中国几乎是不可能的事。所以许多人把文学当作副业。我们不必多举例了。

# 文章的趣味

# 十四　三字妙句

科学是复杂精密的好，艺术是简单微妙的好。

斯蒂芬森最初所发明的火车，瓦特所发明的蒸汽机，贝尔所发明的电话，马可尼所发明的无线电报，都是极其简单、一目了然的。但是随着时代的进步，各种机械都一天一天地复杂起来了。到现在除了专家以外，没有人可以玩弄这些庞大的机器。

艺术和科学是相反的。你看我们的建筑，从古希腊、古罗马的富丽堂皇、雕梁画栋、彩窗画壁的复杂建筑，随着时代变迁，一世一世地简单下来，成了今日笔直光滑、素白平淡的建筑。我们再说诗歌，从讲究平仄[①]、对偶、字数、音韵的复杂规律，随着时代的进步，到今天你可以自由地写你的新诗，一点不受规律的束缚。其他像图画、雕刻、音乐、文学等艺术品的演变，没有不是顺着这条大道——由复杂走向简单的。

---

① 平仄（zè）：中国诗词中用字的声调。“平”指“平直”，“仄”指“曲折”。

近年来，社会上提倡简体字，提倡通俗文学、大众文学，就是要把文化简单化了。

原来，文化的产物都是简单的：原始社会的歌谣，多么单纯，然而不失其美；北美土人[①]的图案，多么简单，然而惹人喜爱。

文章的句子，也是这样。虽然有人认为像“尧舜禹汤文武成康之际”的句子气魄雄厚，然而简单的句子，仍然有它的美点。

中国文学中，最简单的句子是由三个字造成的。这些三字句，大都轻松可爱，爽快可口。例如柳宗元[②]《钴鉧潭西小丘记》里面，“嘉木立，美竹露，奇石显”和“山之高，云之浮，溪之流”都是三个字一句。王禹偁[③]《黄冈竹楼记》里：“酒力醒，茶烟歇，送夕阳，迎素月。”也都是三个字一句，多么美丽。中国有许多俗语，也都是三个字一句的，说起来，很是顺口。例如：

---

① 北美土人：即北美原住印第安人。

② 柳宗元（773—819）：字子厚，河东人，“唐宋八大家”之一，唐代文学家、哲学家、散文家和思想家，世称“柳河东”。因官终至柳州刺史，又称“柳柳州”。其一生诗文作品600余篇，文的成就大于诗，尤其是山水小品文为一绝，代表作有《永州八记》。

③ 王禹偁（chēng）：字元之，济州钜野人，北宋诗人、散文家，宋初有名的直臣。

一不作，二不休。

墙头草，随风倒。

心要细，胆要大。

多吃饭，少开口。

行如风，坐如钟，立如松，卧如弓。

中国人的名字、商号，大都是三个字，也是因为叫起来顺口的缘故。

我国有一本儿童读本，完全由三字句组成，就是人人都会哼几句的《三字经》。这本书从宋朝元庆年间以来，八百五十多年，普遍地被采用作儿童初学读本，就连现在还有人肯花费精神，把它改编、续编（章炳麟曾把《三字经》改编）。在穷乡僻壤的三家村里，还是把它当作课本，就是因为三字句容易读的缘故。

中国古诗中，有些是三言的。例如汉《郊祀歌》① 之一《天马》就是：

---

① 《郊祀歌》：乐府歌曲名。《汉书·礼乐志》谓汉武帝定郊祀之礼，立乐府，以李延年为协律都尉，命司马相如等作郊祀歌十九章，其目多以歌之首句为名。

天马徕[1]，从西极，涉流沙，九夷服。

天马徕，出泉水[2]，虎脊两，化若鬼[3]。

天马徕，历无草，径千里，循东道。

天马徕，执徐[4]时，将摇举[5]，谁与期？

天马徕，开远门，竦予身，逝昆仑。

天马徕，龙之媒，游阊阖[6]，观玉台。

这种简单的诗体，到汉朝以后，就被文人丢弃不用了。诗的园地，完全给五言和七言占据着。到近来又有人在采用这种简单的诗体了。例如田汉的《黄昏》就是：

原之头，屋之角，林之间，尘非尘，雾非雾，烟非烟。

晚风儿，吹野树，低声泣；四野里，草虫儿，唧唧唧。

（《田汉自选集》）

---

① 徕（lái）：通“来”。
② 出泉水：汉人以为千里马是龙种，所以说良马出自水中。
③ 化若鬼：指天马任意变化，仿若鬼神。
④ 执徐：太岁在辰曰执徐。这里指天马在辰时来到。
⑤ 摇举：奋翅高飞。
⑥ 阊阖（chānghé）：天门。

简单的艺术品，往往是最高尚的艺术品。八大山人[①]的兰草画，只有寥寥的几笔；金字塔的组织不过是个立体三角形；“天苍苍，野茫茫，风吹草低见牛羊”，不过是一首十多个字的小诗。然而这些作品，人类都承认它们的伟大。

艺术的价值不在复杂，文章的优美不在词句的冗长。简单的、自然的句子，更加可爱！

---

① 八大山人（1626—1705）：明末清初画家朱耷的别号。

# 十五　山水文学

张潮[①]尝谓："文章是案头之山水，山水是地上之文章。"

好的文学作品，不外是自然和人生的刻画。离开自然和人生的文章，不过是文字的堆砌，起承转合的空壳子。所以有人说，自然和人生是我们的教师。

说到描写自然的山水文学的欣赏，我们自己必须先有经验，多和山水接近，才能领略作者所描写的神奇微妙。所以游历在写作上和欣赏上都有很大的功用。试看：司马迁游历国内名山大川，他的文章才有"奇气"；陶渊明"归去来兮"以后，身居山林，才有优美的田园诗文；柳宗元贬到多山多水的永州，才创作了那些不朽的山水小品；谢灵运为永嘉太守，肆意游玩，所以开辟了山水诗文的园地。山水文字的写作是如此，山水文学的欣赏，

① 张潮（1650—1709）：清代文学家、小说家、批评家、刻书家，官至翰林院孔目。代表作有《虞初新志》等。

也是如此。

欧人卡莱尔将人类分为三流：第三流人物是诵读者（reader），第二流人物是思索者（thinker），第一流人物才是最伟大的，他们是阅历者（seer）。只有亲身多阅历的人，才有思索的资料，才能真正地欣赏。中国有句话说："读万卷书，走万里路。"两者至少要相并而行。

可惜我们和山水接近的机会太少了。深居城市的人，忙于工作，哪里有心情去管"星斗的转移，草木的消长，风云的变幻"呢？哪里有空闲到山明水秀、林深泉清的地方去遨游呢？难怪我们要抱怨生活的枯燥、烦闷、拘束。这对于我们的精神生活该是多大的损失？

诗人徐志摩[①]劝告我们说："为了医治我们当前生活的枯窘，只要不完全遗忘自然——一张轻淡的药方，我们的病象，就有缓和的希望。在青草里打几个滚，到海水里洗几次浴，到高处去看几次朝霞与晚照，你肩背上的负担，就会轻松了去的。"

中国散文中，充满了刻画山水的美句。范仲淹[②]用四

① 徐志摩（1897—1931）：现代诗人、散文家，新月派诗人。他的诗想象丰富，意境优美，有很高的成就，代表作《再别康桥》。

② 范仲淹（989—1052）：字希文。北宋著名政治家、军事家、文学家、教育家。以《岳阳楼记》最为闻名。

句话描出一幅江上的夜景："长烟一空，皓月千里，浮光跃金，静影沉璧。"欧阳修[1]用简单的话写出山间的四时之景："野芳发而幽香，佳木秀而繁阴。风霜高洁，水落而石出。"我读这种美句的时候，好像看见了一幅美丽的山水画。

诗词中的山水名句，不可胜数，兹选录几句如下：

白云抱幽石，绿筱媚清涟[2]。（谢灵运）

山色无远近，看山终日行。（欧阳修）

山危一径尽，岸绝两壁对。（杜甫）

中国的山水文学，虽然早有郦道元的《水经注》和元结的《右溪记》，但是作得好的当推柳宗元为第一。从他以后，这种文章才发达起来，几乎每个文人都有这种作品。

原来山间的松涛峭壁，海边的波浪风帆，枝上的鸣鸟艳花，水中的浮萍鱼踪，都能拨动你的情绪和爱美的心思，让你拿起笔来，写成诗文。古今多少名作，都是在山水的

① 欧阳修（1007—1072）：字永叔，号醉翁，晚号六一居士。北宋政治家、文学家。他领导了北宋诗文革新运动，继承并发展了韩愈的古文理论。开一代文风，拥有很大的成就。是"唐宋八大家"之一、"千古文章四大家"之一。

② 绿筱媚清涟：绿竹倒映于清清的水波中。筱（xiǎo）：细竹。涟（lián）：风吹起的小波纹。

逗引下产生的。

只有在游玩山水的当儿，心领神会，笔下自然流露，才产生出好的山水文学作品。

散文中有一类记叙建筑物的文章，像《岳阳楼记》《醉翁亭记》等是。这类作品都是极好的山水文学。一个幽雅的建筑物，嵌在山水之间，更能增加山水之美。正像山水画中有茅舍竹亭一样的有趣。苏轼的《赤壁赋》之类，将一叶扁舟，点缀在山水之间，更是工巧之作。

读山水之文，有人称为“卧游”。这种卧游有想象的扶助和实际的经验作为基础，往往比实游更有滋味。中国有句话说：“但要闻名，莫要见面。”这就是说笔下的风景，往往比真实的山水更能动人。

# 十六　从《陈情表》说起

幼时在小学里就听见先生说，中国有三篇最感动人的文章，人们读了往往下泪：第一，读《陈情表》①不哭的不孝；第二，读《祭十二郎文》②不哭的不慈；第三，读《出师表》③不哭的不忠。我从前也曾读过这三篇文章，但已不记得是否哭过，不过它们，尤其是《陈情表》，确实给我很深刻的印象。

《陈情表》的动人为什么这样深呢？

原来人是感情动物，最能支配人心的就是一个“情”字。特别是中国人，最讲情面。有许多时候，一件很不合

---

① 《陈情表》：三国两晋时期文学家李密写给晋武帝的奏章。文章从自己幼年的不幸遭遇写起，说明自己与祖母相依为命的特殊感情，感谢祖母抚育之恩，表明自己报答奉养祖母之义，以此拒绝入仕。文章言辞恳切，被认为中国文学史上抒情文代表作之一。

② 《祭十二郎文》：唐代文学家韩愈对其侄十二郎所写的祭文。作者善于融抒情于叙事之中，在对身世、家常、生活遭际朴实的叙述中，表现出对兄嫂及侄儿深切的怀念和痛惜，一往情深，感人肺腑。

③ 《出师表》：是三国蜀汉丞相诸葛亮给后主刘禅上书的表文。全文以恳切委婉的言辞劝勉后主广开言路、严明赏罚、亲贤远佞，以此兴复汉室；同时表达自己以身许国，忠贞不二的思想。十分感人。

理的事，在两句人情话之后，立刻解决了。而李密的《陈情表》里，充满了惹人同情的句子，无怪他十分之十地达到了他的目的。

中国有许多人在读书的时候受情感的激动的记载：

司马迁读《孟子》的时候，曾“废书三叹”。

明太祖读《孟子》，读到“天将降大任于是人也，必先苦其心志，劳其筋骨，饿其体肤，空乏其身，行拂乱其所为……”的时候，感动得抱头大哭，因为他想起了自己的遭遇。

金圣叹读《西厢记》[①]的时候，案上摆些美味佳肴，每逢读到美句，便置书，饮酒，拍案叫绝，说：“妙极！妙极！”

王实甫写《西厢记》写到“碧云天，黄花地，西风紧，北雁南飞”几句，心里十分得意，竟因此晕倒。

武则天读骆宾王《为徐敬业讨武曌檄》[②]一文的时候，

---

① 《西厢记》：全名《崔莺莺待月西厢记》，是元代王实甫创作的杂剧。全剧叙写书生张生与相国小姐崔莺莺在侍女红娘的帮助下，冲破重重阻挠，终成眷属的故事。该剧表达了青年人对爱情的渴望，具有浓烈的反封建色彩，具有很高的历史地位。

② 《为徐敬业讨武曌檄》：唐代文学家骆宾王创作的一篇檄文。历数武曌（zhào，即武则天）之累累罪恶，并点明武氏乃亡国之祸根，提出讨伐武氏的必要性和正义性。全文辞藻华丽、情感浓烈，说服力很强。

开始颇为轻视，渐读渐渐缓和，后来读到“一抔之土[①]未干，六尺之孤[②]何托”两句的时候，心里很受感动，问左右这檄文为何人所作，为什么不设法请他到这里来为官。

有一个僧人，庙前有棵心爱的大松树。一天，官人到这里来游玩，看见这棵松树，很想伐倒做别的用途。僧人知道了很是难过，但是又不能禁止他，然而知道这官人最喜欢鹤，所以就写了一首诗，贴在树上，那诗是：

大夫去做栋梁材，无复清冷覆绿苔。
今后月明风露冷，误他云外鹤飞来。

第二天，官人来伐松树的时候，读了这首诗，心里很受感动，就放弃了他的计划。

情感是文章之心，缺乏情感的文字，犹如没有活心肠的死人，无论文字如何秀丽，都不能打动人心。所以情感丰富是文学的要件，把情感尽量渗入文字里是作文的要诀。

① 一抔之土：此处指逝去的先帝。抔（póu）：本义为用手捧，引申为（一）把、（一）捧。

② 六尺之孤：此处指年幼的新帝。本义为没有父亲的未成年孩子，古代将失去父亲的孩子称为“孤”。

《文心雕龙》说：

夫铅黛所以饰容，而盼倩生于淑姿。文采所以饰言，而辩丽本于情性。[①]

又说：

情者文之经，辞者理之纬，经正而后纬成，理定而后辞畅，此立文之本源也。[②]

① 此句译为：铅粉和青黛是用来修饰容貌的，但女子的美目巧笑却来自天生的美丽姿质。文采是用来修饰语言的，但文章的美妙动人却源于情感的自然。

② 此句译为：情理是文章的经线，文词是情理的纬线，经线端正了纬线才织得上去，情理确定了文词才会畅达；这是写作的根本。

# 十七　文学里的月亮

月亮是中国文人最喜欢欣赏的。诗人李白就是代表，“举杯邀明月，对影成三人”，在这里他感到人生最大的快乐。

月亮之所以受人欢迎，是因为它给我们几个联想，我们看见了明月，就会联想到一些事，在这种场合下便产生了许多文学作品。

（一）月亮兴起家的联想

李白的“举头望明月，低头思故乡”，是人人背得出的。卢纶的“三湘愁鬓逢秋色，万里归心对月明”，也是人人熟悉的。我们常以月圆象征家人的团圆，所以中秋节，家人团聚赏月，是中国人最快乐的日子。如果此时寄身在外，也最容易思乡。“游子无佳节，月圆人不圆”，是一种难堪的精神痛苦。

一首最著名的英文歌曲《家，甜美的家》（*Home,Sweet Home*）里，也说到月亮，作者把家、母亲、茅屋和月亮，说在一起，无怪在歌唱的时候，要生思家病了。

I gaze on the moon as I tread the drear wild,
And feel that my mother now thinks of her child,
As she looks on that moon from our own cottage door,
Thro' the wood-bine whose fragrance shall cheer me no more,
Home, home. Sweet, sweet home,
Oh, there's no place like home, oh, there's no place like home![1]

（二）月亮兴起友人的联想

看见明月，想起知友，此时此情，很容易使文人的笔下产生美好的诗文。欧阳修的词《生查子·元夕》就是代表：

---

① 其歌词大意是：
当我走在冷落的旷野，总抬头望明月，
遥想我那慈爱的母亲，盼游子心切切。
此刻也站在茅屋门前，望月儿盈又缺，
我多盼望在她身边，吻故乡的花和叶。
家，家，我甜蜜的家，
再没有一处地方，能胜过自己的家。

去年元夜时，花市灯如昼；月上柳梢头，人约黄昏后。
今年元夜时，月与灯依旧；不见去年人，泪湿春衫袖。

清人李佩金也有类似的词：

玲珑花里月，知否人间别？一样去年秋，如何几样愁！

其余像王梦鸾的“夜静月明人不见，自家歌与自家听”；赵嘏的“同来玩月人何在？风景依稀似去年”；李后主的“故国不堪回首月明中”等句，都有同样的联想。

（三）月兴起美的联想

谈起月亮，往往联想到美的故事，像嫦娥奔月、月下老人、月宫银光世界等。中国诗词里常称月亮为玉兔、玉蟾、玉帘钩、冰轮、冰镜、白银盘、素娥、圆壁、玉钩、蛾眉等，这些都是美丽的东西，因此月亮就更美了。

初生似玉钩，裁满如团扇。（虞羲咏秋月）
洞庭秋月生湖心，层波万顷如镕金（刘禹锡咏月）
雪影半窗能共白，梅花千树只多香。（徐舫诗句）

（四）直接描写月亮如同友人

白居易有一首诗说：

晓随残月行，夕与新月宿。
谁谓月无情，千里远相送。

曹松也有一首诗说：

无云世界秋三五，共看蟾盘上海涯。
直到天头天尽处，不曾私照一人家。

至于纯粹写月的诗词，在中国文学中也不乏这类的作品，魏时文帝，齐时王融，梁时沈约、庾肩吾、刘孝绰，北周时王褒、庾信，唐时骆宾王、李白、杜甫、韦应物、白居易、刘禹锡，宋时朱熹，元时徐舫、于石等人，都曾咏月之美。其中如庾信之诗句“山明疑有雪，岸白不关沙”，于石的“荡摇水中月，水定光复圆”，李白的“人攀明月不可得，月行却与人相随”“今人不见古时月，今月曾经照古人”等，都是脍炙人口[①]的名句。

---

① 脍炙人口：指美味人人爱吃，比喻好的诗文受到人们的称赞和传诵。脍（kuài）和炙（zhì）都是人们爱吃的食物。

“风花雪月”自然是有闲阶级、文人雅士的玩意儿，但是我们如果从“为艺术而艺术”（Art for arts' sake）的眼光来说，就不能忽视它在文学上的地位，并且在中国的文学中它还占着不少的成分呢！

# 十八　一个字的苦心

中国诗人，有时为了一个字，费了许多心血，这种仔细的精神，实在让人佩服。

有一个诗人说："吟成一个字，捻断几根须。"可以表明斟酌词句的用心。

常州顾文炜有《苦吟》一联云："不知功到处，但觉诵来安。"又云："为求一字稳，耐得半宵寒。"深得作诗的甘苦。

在中国的书籍里，散记着许多这类的故事：

推敲的故事，是大家所熟知的。《野客丛谈》《唐遗史》记载："贾岛初赴名场，于驴上吟'鸟宿池边树，僧敲月下门'。思易'敲'字为'推'字，引手作推敲之势。时韩退之为京兆尹，车骑方出，岛不觉，遮道，左右推至尹前，岛俱道所得诗句，愈曰：'作"敲"字佳矣。'遂并辔归为布衣交[①]。"

① 布衣交：谓不拘身分地位高低的朋友。因布衣一般为平民所服，亦指贫贱之交。

宋王安石有一诗句："春风又绿江南岸。"有人看见他的原稿，初作"春风又到江南岸"，后改"春风又过江南岸"，继则改为"春风又满江南岸"，凡十余改，直至"春风又绿江南岸"才算称心。

《唐诗纪事》里记着：齐己[①]咏早梅句："前村深雪里，昨夜几枝丌。"郑谷曰："改'几'字为'一'字，方是早梅。"齐己下拜，尊郑谷为"一字师"。

某作《御沟水》诗曰："此波涵帝泽，无处濯尘缨。"以示皎然[②]，皎然曰："'波'字不佳。"某怒而去，皎然暗书一"中"字在手心待之。须臾，其人狂奔而来曰："已改'波'字为'中'字矣。"皎然出手心示之，相与大笑（见《随园诗话》）。

《闲中古今录》里记载："元萨天赐诗有'地湿厌闻天竺雨，月明来听景阳钟'。山东一叟易'闻'字为'看'字，公俯首拜为一字师。"

---

① 齐己（863—937）：唐朝晚期著名诗僧，出家前名胡得生，晚年自号衡岳沙门。代表作《早梅》。

② 皎然（720—803）：俗姓谢，字清昼，唐朝著名诗僧，在文学、佛学、茶学等方面颇有造诣。代表作为诗歌理论著作《诗式》。

黄鲁直[1]有诗句是："高蝉正用一枝鸣。""用"字初作"抱"字，后改"占"字，又改"在"字，再改"带"字、"要"字，直到想出"用"字，才算定心。

范希文作《严先生祠堂记》，中有："云山苍苍，江水泱泱。先生之德，山高水长。"后经李秦伯将"德"字改为"风"字，词句更为含蓄。

袁枚[2]说："诗得一字之师，如红炉点雪，乐不可言。"他的一首《咏落花》诗里，有一句是"无言独自下空山"。邱浩亭说："空山是落叶，非落花也，应改为'春'字。"袁枚从谏如流[3]，不待其词之毕也。

中国文学史里，有一个人因着一个字成名，这人就是张先[4]。人称他"张三影"，因为他的词中有三句写影写得很好，这三句词是：

---

① 黄鲁直（1045—1105）：即黄庭坚，字鲁直，号山谷道人，晚号涪翁，又称黄豫章。北宋文学家、书法家，江西诗派开山之祖。在诗、词、散文、书、画等方面取得很高成就。代表作《豫章黄先生文集》。

② 袁枚（1716—1798）：字子才，号简斋，晚年自号仓山居士、随园主人、随园老人。清朝诗人、散文家、文学批评家和美食家。少有名，擅诗文，倡导"性灵说"，即文章创作应写出诗人的个性，代表作《随园诗话》。

③ 从谏如流：形容很快接受别人的意见，如流水般自然。

④ 张先（990—1078）：字子野，北宋词人，婉约派代表人物。擅长小令，其词含蓄工巧，情韵浓郁，与柳永齐名。

云破月来花弄影。

娇柔懒起，帘幕卷花影。

柳径无人，堕飞絮无影。

因为他一个“影”字，写得特别巧妙，人家称他作“三影先生”，甚至又称他“云破月来花弄影郎中”。的确，他是写影专家，我们翻开张子野词，写影的句子很多：

中庭月色正清明，无数杨花过无影。

横塘水静，花窥影。

那堪更被明月，隔墙送过秋千影。

万树争春红影乱。

犹有花上月，清影徘徊。

日长风静，花影闲相照。

这些故事告诉我们一件事：就是好文章、好诗词，都是字字费过斟酌的。青年人学文，应该养成精细的习惯。

# 读书的趣味

# 十九　书的可爱

人人都有自己最爱好的东西。我最爱好的东西是书。

我在读书的时候，就各方面节省下钱来买书。有的时候，书太贵，不是我的经济力所能达到的，便专心去买旧书。上海有许多旧书店，往往有已经绝版的书，书店里买不到，在这里倒可以遇到。有一个时期，逛书摊几乎成了我的娱乐。在完课之后，一个人很消闲地走到河南路和福州路的旧书店里，一面休息，一面看看旧书。有时候，遇到本“意中书”，便不惜牺牲衣袋里的饭钱，把它购买下来，回来的时候，心里有说不出的愉快。

我总记得富兰克林[1]小的时候，用洋烛箱做书架。一箱满了，再放一个箱子在上面，这样慢慢地建立了自己的小图书馆。我也有这样的心愿。总希望有一天，我坐在自己的图书室中，周围都是书——是我的财产，那时我就像商

① 富兰克林（1706—1790）：美国政治家、物理学家、外交家及发明家。发明了避雷针，最早提出电荷守恒定律。代表作《富兰克林自传》。

人坐在保险箱旁一样的快乐了。

朋友赠给我一个藏书印，图案是一本书和一支笔，正合我的兴趣，我很快乐地把每本书上都盖了这个图章。

慢慢地，我的书多起来了，装满了四个书架，放在小小的书室里，倒也十分雅致。其中的英文书籍尤其美观，红绿的书面上烫着金色的字，新鲜悦目，成了一种房间的装饰品。我记得有人这样说："室内无书，犹屋之无窗。"这话确是经验之谈。

我们读书的人，应当像木匠，家里藏着斧、锅、凿、刨；应当像石匠，屋里藏着锤子、泥水器；应当像铁匠，厂里都是黑色的打铁用具……读书人的房子里，应当藏着许多图书。这是我们的招牌啊！

我们为什么喜欢书呢？这个问题，可以用英国主教柯理尔的话来回答。他说："书是青年人的指导良师，是老年人的消遣妙品。在我们冷静的时候，他陪伴我们，使我们忘记人生的痛苦，忘记我们的情感，使我们不幸的事件睡去；当我们感到生活枯燥乏味的时候，可以从那些去世的作家那里追求安慰。"

从前埃及有一个皇帝，在他的图书室上写着"灵魂的药品"几个字。这个皇帝的确说出了书的真正价值：书是医治灵魂的药品，它能医治我们头脑的贫弱。

世界上的书，真是浩如烟海，不可胜数。世界上最古的一本书，讲的是埃及的长生不老之术，名叫《死书》（*The Book of Dead*）。中国哪一部书最早，没有正确的记录。然而我们可以推知中国的古书，绝不会落在别的国家之后。

讲到书我们立刻想到图书馆。图书馆是藏书的地方，在那里我们可以找到自己没有的书。青年人应当把图书馆看得像戏院、球场一样重要。在这里造出来许多伟大的人物。文学家谢六逸在他《读书的经验》一文里，说他最难忘记的，就是帝国大学的图书馆。

世界上有许多著名的图书馆，最大的一个就是苏联的列宁图书馆。这个图书馆是在克里姆林宫的对面，里面共有 100 000 000 本书。每年借出的书，总数在 35 000 000 本以上。它不但专借书给本国人民，也替外国的图书馆服务。几个世界上最大的图书馆，从它那里收到 37 580 本书，外国图书馆也寄给它 37 008 本书。

在这个图书馆里，有 129 个专家，担任编辑图书目录，替借书的人服务的工作。里面看书的人太多，政府特地建筑了五所新的大厦，单单书架子就有二百公里那么长，可以放置 12 000 000 本书。看书的地方有十五处，可以同时容纳一千六百人，这是多么伟大的文化仓库啊！

你到过大的图书馆吗？如果要借一本书，应当怎样办呢？这事有两点应当注意：

（一）会查卡片

图书馆里都有编好的卡片箱，依法检查，非常便当。英文的卡片，都是照字母编排的，像英文字典一样，很容易检查。你只要知道书名，或者作者的姓名，就可以查得。中国书，现在大半是照笔画检查，把书名的第一个字数清几画，然后一查即得。[①]

（二）看图书分类号码

你将卡片查出，上面有一个号码，可以按照号码去找你所要的书。但有时图书太多，如果你不知道图书分类号码，也不容易找到。所以应当知道图书的分类法。现在最流行的分类是杜威“十进分类法”，把全部图书分为十大类，每类有一个号码，从 0 到 9，很是清楚。现在我简单地把大分类的号码介绍如下：

① 此是新中国成立前的方法。现在图书馆多配备公共查询电脑，可点击书目检索（通过书名或作者名）直接检索图书。找到自己想借阅的图书后，记下索书号，便可到图书所在区域进行查找。

000 总类　100 哲学　200 宗教　300 社会

400 语言　500 自然科学　600 应用科学

700 美术　800 文学　900 历史

每一大类里，再分十类。例如文学类里，800 是文学总论，810 是中国文学，820 是日本文学，830 是希腊文学等。十类之中可以再分十类，例如 810 是中国文学，811 是中国文学史，812 是戏剧，813 是小说等。①

你若是知道这种分类方法，无论怎样大的图书馆，到了里面便不会如入迷律，可以随意阅览，饱餐美味了。

最后，请你记住《四时读书乐》里的诗句："蹉跎莫遣韶光老，人生唯有读书好。"

① 这同样是新中国成立前的图书分类方法。新中国成立后，我国编制出版了一部具有代表性的大型综合性分类法《中国图书馆分类法》，是当今国内图书馆使用最广泛的分类法体系，即按照26个字母将各图书分类，例如 I 是文学，J 是艺术。然后用阿拉伯数字0～9进行小的分类，如I 0是文学理论，I 1是世界文学等。

# 二十　读书的乐趣

我们生来就有一种求知的欲望。

有人研究说，小孩子呱呱坠地几小时以后，就注意到室内的灯光，用眼睛去看，这是求知的最早的表现。

小孩子生下来第二天多半就会侧耳而听，渐渐还会用手去摸，用鼻去嗅，用舌头去尝。

稍长，他们用手去拿、握、拍、抛、搥①、撕、折、焚烧各种物品。有时用脚去踢，用口去咬，渐渐地用脑子去想。

到了入学的年龄，我们要专心地求知，在学校里费去十数年的光阴，为的是满足这个求知的欲望。

求知欲的满足，有许多方法。我们可以观察，可以听讲，可以研究，可以探险……但是最简易的方法，就是读书。因为书是前人求知经验的记录，从这里发出源源不绝的泉水，可以解我们知识的干渴。

① 搥："捶"的异体字。

多少人感到读书的乐趣，虽然经历许多困难，仍不灰心，像孙康映雪、匡衡凿壁[①]，都是证明。

历史上更记载着，许多人从读书中得到很大的快乐，他们的求知欲都得到了满足。

法国哲学家马尔班基（Malbranche）读笛卡儿《人性论》这本书，读到最得意的时候，心头乱跳，气息几乎闭塞。

汉人向栩，恒读《老子》，状如学道，又似狂生。

朱子[②]入岩读书，读到“圣人与我同类者”一句时，心里很快乐，兴奋异常，他道自己将来，也可以做圣人了。

袁宏道[③]读书，对古人所言，有一二悟解处，常常叫号跳跃，如渴鹿奔泉。

苏子美[④]客外舅家，每夕读书以斗酒为限，读到可泣可歌的地方，即满饮一杯，以助读兴。

清考据学者阎若璩每逢得到一新考据，常常乐而忘形，

---

① 孙康映雪、匡衡凿壁：引用自两个成语典故。

② 朱子：即朱熹（1130—1200），字元晦，又字仲晦，号晦庵，晚称晦翁，世称朱公文。宋朝著名的理学家，儒学集大成者，世称朱子。代表作《四书章句集注》。

③ 袁宏道（1568—1610）：字中郎，号石公。明代文学反对复古运动主将，提出“独抒性灵，不拘格套”的性灵说，其文学流派世称“公安派”。

④ 苏子美：即苏舜钦（1008—1048），字子美。北宋大臣，工于诗词。

就在桌子上高踞起来。

许多文人都是从阅读中训练出写作的兴趣。他们并不是为了要做文学家而读书。是因为先感觉到读书的乐趣，所以欲罢不能。我们可以举出冰心来做例子。

冰心女士[①]的阅读兴趣特别浓厚。她回忆自己幼时看书，简直有些疯狂：

达到了十一岁，我已看完了全部《说部丛书》，以及《西游记》《水浒传》《天雨花》《再生缘》《儿女英雄传》《说岳》《东周列国志》等。其中我最不喜欢的是《封神演义》，最觉得无味的是《红楼梦》。

此后我又尽量地看书，从《孝女耐儿传》等书的后面的《说部丛书》目录里，挑出价洋一角二角的小说，每早送信的马夫下山的时候，便托他……去买。这时我看书看迷了，真是手不释卷。海边也不去了，头也不梳，脸也不洗，看完书自己喜笑，自己流泪，母亲在旁边看看，觉得忧虑，竭力地劝我出去玩，我也不听。有一次，母亲急了，将我手里的《聊斋志

① 冰心（1900—1999）：原名谢婉莹。诗人、现代作家、翻译家、儿童文学作家、社会活动家、散文家。代表作《繁星·春水》。

异·卷一》，夺了过去，撕成两段。我趑趄[1]地走过去，拾起地上半段的《聊斋》来又看，逗得母亲反笑了。

（《冰心全集·自序》）

中学生是阅读兴趣最浓厚的时期，往往饭也不顾得吃，觉也不顾得睡，偷偷地看个通夜，并不奇怪。因而中学的训育主任，对于限制学生看小说的事，大都感觉必要。

我们应当有阅读的兴趣，但不可入迷。如果读书读得入迷了，那是于身体有损害的。

我曾调查过许多中学生的阅读兴趣。叫他们写出自己最喜欢的五本书，统计的结果显示男生最喜欢的十本书是：

（一）《三国演义》、（二）《水浒传》、（三）《家》、（四）《西游记》、（五）《爱的教育》、（六）《鲁滨孙漂流记》、（七）《春》、（八）《老残游记》、（九）《红楼梦》、（十）《世界伟人传》

① 趑趄（zījū）：行走困难，想前进却又不敢前进的样子。

女生最喜欢的十本书是：

（一）《爱的教育》、（二）《家》、（三）《苦儿流浪记》、（四）《秋》、（五）《各国童话》、（六）《天方夜谭》、（七）《木偶奇遇记》、（八）《孤女努力记》、（九）《西游记》、（十）《名人故事》

（调查时间为 1942 年）

这几本书你读过吗？若是读过了。可以称为现代的中学生；如果没有读过，你在阅读上便落伍了。因为这个书目是许多中学生最喜欢的。你也应当试试看！

# 二十一　有效的读书方法

现在是讲效率的时代。什么叫效率呢？效率（efficiency）的意思，就是要能在最短的时间里，用最少的精力，得到最好的成绩。

你看现在什么事不是要快吗？一个现代的青年，人家应当一个月做完的事，我半个月便要做完它；人家一天做完的事，我几小时便要做完它；人家几小时做完的事，我二十分钟便要做完它。不但如此，我还要在最短的时间里，做得比别人的成绩好。

读书也是要讲效率的。古人读书，最不讲究时间的经济。一课书叫学生像小和尚念经一样地念个半天并不稀奇。一本《三字经》，往往要读半年，甚至一年，这件事对于儿童幸福的影响太大了。

我们读书要有效力，必须有好的方法。有了好方法，才能够“事半而功倍”；做事没有好方法，就不免“事倍而功半”了。何况我们青年学生，读书的年月不多，而要读的书、要学的事实在太多了，所以有效的读书法于我们是很有利益的。

下面我要介绍两三个人的读书方法给读者们。

美国教育心理专家普莱西曾用一百二十五个测验题，去调查学校里失败的学生，将所得的结论，列为学生有效的读书方法，很是宝贵，兹将它的要点摘录如下：

## 一、要读书有效力，下面的条件很是重要

（一）失败的学生常常是因为身体衰弱，所以要读书有效力，必须当心你的健康。

（二）不要担负太重的功课，对于工作能从容应付，才能有优良的成绩。

（三）情绪不安定常是失败的基本原因，所以你应当避免一切烦恼和不安心的事。

（四）要有一个安静的地方读书，在那里可以避免一切的骚扰。

## 二、要读书有效力，时间的分配很是重要

（一）预先分配你的时间，最好每天有一个工作程序表，事前有计划、有效力地利用你的时间。

（二）工作时不要犹豫，立刻开始，不要拖延。许多学生失败是因为不能定心工作。

（三）事前预备所用的工具和材料，身边常带一本小册子，计划计划。将常用的书籍，带在身边。

（四）要时时准备，不要考试的时候临时抱佛脚，以致精力枯竭，不能应付。许多失败的学生，在考试前深夜不睡，不顾饮食，缺乏休息和娱乐。

## 三、要读书有效力，要有“选读”的技巧

（一）在阅读之面，应当先把全文的组织、目录、标题、概要、序言等翻阅一遍，得到一个概念。这样在精读时更容易明了记忆。

（二）读书时不可忽略书中的图表和公式。它能使印象深刻，不易遗忘。

（三）要注意专有名词和新字新词。阅读时务必求其彻

底学习，否则会影响对全文的理解的。

（四）每读数分钟，要停止一下，回想所读的材料，撮[①]其重要者背诵出来。

## 四、要读书有效力，当养成写笔记的习惯

（一）听讲或阅读时，要简单地、有组织地把大纲记下来。

（二）记录时要用自己的词句，并且时加按语[②]。不要把演讲人的话逐字记录，那是没有意义的事。

（三）把笔记材料，归类编存，需用时，便于检查。

（四）研究一个题目，或是做一篇报告，应当将参考材料制成卡片，以便整理或是增减。

## 五、要读书有效力，必须常加温习，予旧知识以新的估价

（一）应当每隔相当的时间，把你的功课温习一遍。

① 撮（cuō）：摘取（要点）。

② 按语：也作案语。是对文章、词句所作的说明、提示或考证。

（二）温习的时候，要选择地温习。凡意义模糊、记忆不清的地方，再反复温习。

（三）将所温习的材料和自己的经验联络，或者予以实际的应用，则可增强记忆。

## 六、有效力的读书，要注意考试的方法

（一）没有开始回答以前，先将试题看一遍，可以计算你的时间，预定答案的繁简。

（二）问题式的考试，要先写纲要，不要杂乱无章地写下去。

（三）回答完毕，交卷以前，总要把卷子重读一遍，看有没有要改正或遗漏的地方。

上面的这个有效的读书法，也许对你们太繁难了。有一次我读一个副刊，得到下面几条学习的重要法则，极其简单清楚：

（一）使你的身体健康。

（二）使外界的情形（如光线、温度、空气等）适宜学习。

（三）养成在一定地方学习的习惯。

（四）养成在一定时间学习的习惯。

（五）用全副精神学习，注意集中。

（六）不要忧愁，放下心里烦恼的事情。

（七）要立志把学习的材料记得明白。

（八）非不得已时，不要请人帮助。

（九）你的知识和技能上如有弱点，要多费工夫来补救它。

（十）每次学习的时间不可过长，以免疲劳而伤精力。

（十一）努力学习之后，要有适当的休息，注意脑力和体力的轮流使用，或调换工作。

（十二）自备的书本上，看到重要的语句，要加标点，以便查阅。

（十三）各种成语、术语、定义、公式、纲要、表解等，要清楚了解，要牢记勿忘。

（十四）诵读而求其记住，则朗读胜于默读，快读胜于慢读。

（十五）听到有价值的讲话，要做一篇笔记，写个纲要。

（十六）注意观察自然现象和社会情形，与书本上的知识互相参证。

（十七）学过的功课要定时地温习。

美国芝加哥大学教授康豪塞尔曾为新生编了一本《实用学生修学法》（*How to Study?*），不但解释详细，而且很切实际，每个学生都当读（汉文有陈友松译本，列入商务印书馆的《百科小丛书》里）。

# 二十二　工具书的运用

## ——工欲善其事，必先利其器

我把工具书（像《字典》《辞海》等）叫作“无声的先生”。

“无声的先生”是我们最要接近的一位老师。他虽然无声，然而满腹经纶，包藏万类，是“有声的先生”所不能比拟的。

我们的学识只能在课室里打下个根基，若要继续往上建筑，必须有自修的工夫，而自修的最大帮助，就是工具书的运用。

所谓工具书，就是《字典》《辞海》《百科全书》《索引》一类专供我们参考用的书。这些书，在读书人的手里，像木匠的斧凿、铁匠的锤钻、泥水匠的木桶一样的重要。我们必须会运用它们，使它们对我们有所助益。孟子说：“工欲善其事，必先利其器。”是很有道理的一句名言。

工具书运用得法，可以增加我们读书的效率，减少我们的错误，解答我们的疑问。它好像一位经验丰富的保姆，天天在小儿的身边，不嫌烦琐地告诉小儿一切的问题。

如果有人问我：“应当买些什么书？”这个问题，我会立刻回答他说：“先买些工具书吧！这是你个人图书馆的基础。”

你有一本很完善的字典吗？如果你看见一个生涩的古人名字，你可以查考出他的历史吗？如果你发现一个新的名词，你能在词典里找到它的解释吗？如果不能或者还不会，那么你应当先学会这些。木匠不会运用斧凿，他怎样能造出木器呢？铁匠不会运用锤子，他怎样能打出镰刀呢？学生不会运用工具书，他怎样能钻研学问呢？

第一，我们先谈谈中国现代流行的工具书的检查方法；第二，再谈谈工具书当怎样运用；第三，再告诉你应当预备些什么工具书。

中国现在有好几种检查工具书的方法：

（一）部首检字法

这是中国很普遍的检字法。共有部首二百十四种，照笔画多少排列起来。检查的时候，先看该字是何部首，再数该字的笔画，依法查得。像《康熙字典》《辞源》《辞海》等重要字典，都用这种方法。

（二）号码检字法

这是 1925 年以后，大家感到部首检字法有许多缺点，而发明的检字法，用数字来代替字形。这种方法最有名的是王云五的《四角号码字典》。此外瞿重福有“瞿氏号码检字法”、张风有“形数检字法”、舒新城有“四笔计数检字法”等。

（三）首尾检字法

这是专依字的首尾而检查的方法，有林语堂的“末笔检字法”、张华穆的“首尾四笔检字法”、王培梁的“头脚检字法”等，但是到现在并未普通地为人采用。

（四）母笔检字法

这是按照中国字主要的笔法而发明的检字法，以丿、丨、丶、乀等为检字单位。从 1922 年以来，已经有二十种这类的尝试。其中最著名的是陈立夫的“五笔检字法”、德芸的“七笔检字法”、庄泽宜的“十八种笔画检字法”等，其中以“五笔检字法”比较流行。

（五）音韵检字法

这是照国音字母，或是罗马字音而排列的检字法，也有的照中国音韵学排列。此法也相当流行。

（六）笔画检字法

这是按照字的笔画多少而排列的检字法，有中央大学图书馆的“画数首笔法”、崔巢的“笔画检字法”等。此法最为简易，现在已经有这种字典出版了。

这六种检字的方法，哪一种最好呢？我说各法都还没有到完善的地步。最完善的中国检字法还有待将来开创。其中比较普遍的是部首检字法、四角号码检字法、音韵检字法和笔画检字法。我们应当把这四种方法学会，使自己在检查的时候更便利。

我们应当预备些什么工具书呢？这个问题，又像开国学书目一样困难。各人的主张不同，并且各人的经济能力不同——工具书大都定价较高，往往非个人能力所及。但是，无论如何，几本最基本的工具书是每个人应当预备的。正像膳食虽贵，可是白米饭是必须设法一天吃三次的一样。

私人工具书单：

（一）《国音字典》（或《王云五小字典》）

（二）《康熙字典》（或《新字典》——商务印书馆）

（三）《辞海》或《辞林》

（四）《中外人名辞典》

（五）《世界地名辞典》

（六）《新文化辞典》

（七）《英汉字典》

（八）《日用百科全书》

（九）中国和世界地图各一本

（十）专门辞典（依照自己的职业或兴趣，购专门辞典，如《科学大辞典》《教育大辞典》《文学辞典》等。）

我们有了这些工具书，应当怎样利用它们呢？

（一）要明白各书的检查方法

各种字典的检查方法是不一律的，我们在购得一种工具书之后，应当把前面的导言、编辑经过、使用说明等，仔细读一遍，那么就知道如何检查了。在各种工具书里，大都附有索引（index），这是运用工具书时最要注意的一点。如果检查不得，或是有疑问，就立刻查查索引，或是检字表，免得浪费时间。

（二）工具书要放在适当的地方

工具书是时刻用得到的，所以必须放置在最方便的地方。右手是最会做事的肢体，如果把工具书统统放在一个较小的书架上，置于读书桌的右边，那么用的时候，可以伸手取得，十分便利。如果东放一部，西放一部，没有集中在一定的地方，那么使用的时候，不但费时，而且费力，会减少做事的效力。

# 二十三　对于古书的态度

中学生对于中国的古书，应当有怎样的态度?

过去，青年人对于中国的古书是抱着讨厌的心态的，以为一切的古书都是老古董，没有一读的必要。所以文科的学生，以中国文学系的数目最少。这自然是个人的兴趣问题，但是青年人对于古书的态度，从此可见一斑了。

我自然不是赞成青年人要钻到古书里面，然而我们对古书的看法应当正确。

我们是中国青年，对于中国的文化应当有适当的认识。无论你喜欢科学也好，喜欢文学也好，这点基本的认识是应当有的。

1922 年，教育部颁布的《中学课程暂行标准》中，规定高中及初中毕业生最低的限度如下：

## 一、高中国文科

（一）曾精读名著六种而能了解与欣赏。

（二）曾略读名著十二种而能大致了解与欣赏。

（三）能于中国学术思想、文学流变、文字构造、文法及修辞学等有简括的常识。

（四）能自由运用语体文①及平易的文言文，作叙事说理表情达意的文字。

（五）能自由运用最低限度的工具书。

（六）略能检用古文书籍。

## 二、初中国文科

（一）曾精读选文，能透彻了解并熟悉至少一百篇。

（二）曾略读名著十二种，能了解大意，并记忆其主要部分。

（三）能略知一般名著的种类、名称、图书馆及工具书籍的使用，自由参考阅读。

（四）能欣赏浅近的文学作品。

① 语体文：即白话文。

（五）能写作通畅的语体文，无文法上的错误。

（六）能阅览平易的文言文书。

从这个最低限度里，我们知道中学生对于古书必须有相当的认识，有略能检用古文书籍的能力。可是，你自己问自己一下，“我曾读过什么古文书”？恐怕能答得出这个问题的人不多吧！

许多青年人喜欢翻阅一些古文书，可是不得其门而入。这些浩如烟海的古书，应当读哪几部呢？为了解答这个问题，梁启超和胡适都曾开过一个“国学入门书目”。

梁启超的书目分为五类，共一百三十八种，我曾统计了一下，如果能每月读一种（古文很是费解，平均月读一册并不算慢），须十一年半读完，换句话说，要读两次高中初中的时间。如果每周读一种（这个速度是不可能的），还要二年零九个月才能读完，换句话说，三年高中，每星期除了应付日常功课以外，又要加读一本古文书，试想这样能够实现吗？

胡适也曾列过《一个最低限度的国学书目》，共一百八十三本，不消说这是不适合于中学生的。对于中学生，我看梁启超在他的《国学入门书要目及其读法》的后面所拟的“真正的最低限度”部分，还可以参考。这个书目包括中国最重要的古书三十本，可以做各大思想的代表。中学生应当在任何情形之下，把它们翻阅一遍。兹将这三十种书目列下：

（一）“四书”①、（二）《易经》、（三）《书经》、（四）《诗经》、（五）《礼记》、（六）《左传》、（七）《老子》、（八）《墨子》、（九）《庄子》、（十）《荀子》、（十一）《韩非子》、（十二）《战国策》、（十三）《史记》、（十四）《汉书》、（十五）《后汉书》、（十六）《三国志》、（十七）《资治通鉴》、（十八）《宋元明史记事本末》、（十九）《楚辞》、（二十）《文选》、（二十一）《李太白集》、（二十二）《杜工部集》、（二十三）《白香山集》、（二十四）《韩昌黎集》、（二十五）《柳河东集》、（二十六）《六十种曲》、（二十七）《绝妙好词》、（二十八）《三国演义》、（二十九）《水浒传》、（三十）《老残游记》。

① 四书：即《大学》《中庸》《论语》《孟子》四部作品，四书之名始于宋朝，是儒家的核心经典。

# 作文的趣味

# 二十四　作文难，难在何处

中学生除了数学以外，恐怕要以作文为最难的功课了。为了明了中学生作文时所感到的都是怎样的困难，我曾给一班高中学生出了这样的一个题目《作文难，难在何处？》，要他们照自己的经验，把作文的困难处自由地写出来，以作国文教师的参考，并且设法给学生解决这些难题。

从他们的作文里，可以看出中学生对于作文一课确实是看作一门很难的功课的。有一个学生描写道：

> 每逢到作文课，同学们多是眉头皱起，双手托颚，似想似愁。有几个人把毛笔含在嘴里，仰头看着天花板，好像有什么写作材料似的，有的却把砚台来出气，也有的用笔在台板上敲得笃笃地响。

你若是在课室外面，窥视课室里学生写作文的情形，那真令人发笑——抓头挖耳的，摸嘴探鼻的，或是咬着笔管仰着头，或是伏在桌上显出一种心思不定的样子。

这的确是实在的情形。

学生在这一次作文里，提出十五种作文的困难：

（一）学识不足；

（二）起头难；

（三）结尾难；

（四）不懂怎样组织结构；

（五）缺乏材料；

（六）错字、别字；

（七）没有写作兴趣；

（八）缺乏思想；

（九）经验不足；

（十）题目不合心意；

（十一）有意思写不出来；

（十二）不能专心；

（十三）时间不足；

（十四）不明白作文方法；

（十五）不会修改。

把这十五种作文的困难，综合地来看，可以看出几个中学生作文上的问题：第一是写作的修养问题，第二是写作的材料问题，第三是题目的问题，第四是如何开始如何结束的问题，第五是布局的问题，第六是表现的问题，第七是修辞的问题，第八是写作的环境问题。这些恐怕是一般中学生作文时都会感到的困难。

在这八个问题之中，尤其严重的是“作文的材料”。这里面包括学识、思想、经验、观察、想象、灵感各方面。而这些作文的内容，在整个作文中占着第一重要的地位。其余的几个问题，像开头结尾、布局、修辞、表现等，不过是作文的技巧问题。至于写作的环境问题，是容易控制的。只有作文的材料是轻忽不得的，所谓“巧妇难为无米之炊”，就是这个意思。

从上面的分析中，我们可以知道，中学生作文的困难有三方面：一是作文的内容，二是作文的技巧，三是作文的环境。

为了明白中学生对于这十五种困难，觉得哪一种最难，哪一种比较好些，作者曾调查过近三四百的初中学生，叫他们照自己的经验，把这十五种困难，按照次序排列起来，最难的在先，次难的在后。然后分别登记统计，得到下面的结果：

| 困难 ＼ 班级 / 每班人数 | 初一上 | 初一下甲 | 初一下乙 | 初二上甲 | 初三上甲 | 初二上丙 | 初二下甲 | 初二下乙 | 初三上乙 | 初三下乙 | 初三下甲 | 总计 | 位次 |
|---|---|---|---|---|---|---|---|---|---|---|---|---|---|
| | 40 | 40 | 38 | 30 | 39 | 35 | 32 | 34 | 30 | 35 | 35 | 388 | |
| （1）学识不足 | 2 | 3 | 1 | 4 | 1 | 2 | 1 | 2 | 1 | 1 | 2 | 20 | 1 |
| （2）起头难 | 4 | 1 | 5 | 1 | 5 | 4 | 2 | 6 | 2 | 14 | 4 | 48 | 5 |
| （3）结尾难 | 7 | 4 | 10 | 6 | 8 | 7 | 7 | 9 | 5 | 7 | 9 | 79 | 7 |
| （4）不懂如何结构 | 5 | 2 | 2 | 3 | 4 | 3 | 5 | 3 | 7 | 4 | 5 | 43 | 4 |
| （5）缺乏材料 | 1 | 5 | 3 | 5 | 2 | 1 | 4 | 4 | 4 | 2 | 1 | 32 | 2 |
| （6）错字、别字 | 11 | 14 | 15 | 11 | 15 | 9 | 14 | 15 | 14 | 15 | 15 | 148 | 15 |
| （7）没有写作兴趣 | 15 | 11 | 12 | 15 | 14 | 15 | 14 | 14 | 12 | 12 | 11 | 145 | 14 |
| （8）缺乏思想 | 6 | 8 | 4 | 7 | 6 | 5 | 6 | 5 | 3 | 6 | 6 | 62 | 6 |
| （9）经验不足 | 3 | 7 | 6 | 2 | 3 | 6 | 3 | 1 | 5 | 3 | 3 | 42 | 3 |
| （10）题目不合意 | 12 | 10 | 10 | 13 | 13 | 10 | 11 | 7 | 10 | 10 | 8 | 114 | 10 |
| （11）有意思写不出来 | 9 | 9 | 7 | 10 | 7 | 12 | 9 | 8 | 9 | 8 | 7 | 95 | 9 |
| （12）不能专心 | 13 | 15 | 14 | 12 | 10 | 14 | 12 | 12 | 13 | 13 | 10 | 138 | 12 |
| （13）时间不足 | 14 | 13 | 13 | 14 | 12 | 13 | 13 | 11 | 15 | 11 | 13 | 142 | 13 |
| （14）不明作文法 | 8 | 6 | 9 | 8 | 9 | 8 | 8 | 13 | 8 | 5 | 12 | 94 | 8 |
| （15）不会修改 | 10 | 12 | 8 | 9 | 11 | 11 | 10 | 10 | 11 | 9 | 14 | 115 | 11 |

从上面的结果看来，中学生作文最大的困难，是在内容方面，不在技巧方面。试看关于内容方面的学识、材料、

经验、思想，都列在前半，而修改、表现、题目等倒不如此严重。可见中学生对作文生畏惧之心是因为没有可说的话，感觉缺乏写作资材。其次是文章的布局问题：怎样开头，怎样结束，怎样把材料组织起来。

# 二十五　材料的搜集

## 一、巧妇难为无米之炊

作文好像造房子一样，必须先预备充足的材料，然后才能造出房子来。如果没有木石砖瓦和其他必需的东西，即使是最有名的建筑师，也必定束手无策。

中学生作文的最大困难，就是“无话可说”。教师把题目写在黑板上半天了，学生穷索苦思，连一句也写不出来。有些学生，逼得无法，买了《作文描写辞典》《全国中学生作文精华》一类的书籍，藏在案下做助手，以救一时之急。也有些学生请人代作，挨过这个难关。可见“无话可说”的逼人了。

“无话可说”就是缺乏材料。中学生作文的困难之中，第一是学识不足，第二是缺乏材料，第三是经验不足，其实这三样都是“无话可说”的根源。

缺乏材料的文章，必定内容空虚、言之无物，绝不会有优美的作品产生。中学生平日对于材料的搜集、写作的修养，都太欠工夫。而一般国文教师，又大都只教学生作文方法，这好比叫青蛙在陆地上游泳一样，没有水哪里能游泳？

思想、经验、观察、学识，都是作文的主要材料，我们将要分别论之。

## 二、文人搜集材料的苦心

著名的文人，都不惜以悠长的岁月、全副的精神，从事于材料的搜集。下面都是文人搜集材料的故事：

晋朝文人左思①作《齐都赋》，一年方成。作《三都赋》时，构思十年，方才脱稿。在写作期间，凡门庭藩溷②，皆置纸笔，偶得一句，立刻写下。他这样地用心，无怪文成之日，富豪之家，竞相传写，一时洛阳为之纸贵了。

唐代诗人李长吉③曾骑驴寻诗。每天早晨，骑着一匹瘦驴，命书童背着锦囊，跟在后面。每逢得诗句，立刻写下

① 左思（250—305）：字泰冲，西晋文学家，其《三都赋》被当时称颂，造成当时“洛阳纸贵”。

② 门庭藩溷：指家中各处。藩（fān）：篱笆。溷（hùn）：厕所。

③ 李长吉（790—816）：即李贺，字长吉，唐朝中期浪漫主义诗人，与李白、李商隐并称为“唐代三李”。后世称其为“诗鬼”。

来，投到囊里。到晚上回家时，取出整理下，便成诗一束。

施耐庵写《水浒传》，其中梁山泊一百零八个好汉的面目，都先画出来，张贴在壁间，朝夕凝思。经过这一番研究和观察的工夫，所以《水浒传》里的人物，都有他们的个性，毫不模糊。

蒲松龄写《聊斋志异》以前，喜欢坐在道旁，遇见人就请他坐下吃茶抽烟，并且讲个鬼怪的故事。他用这种方法搜集材料，后来整理一番，成就了这本《聊斋志异》。

苏东坡被贬黄州的时候，也喜欢找人谈鬼怪事。人说没有，他便说："姑妄言之[①]。"他把所听到的鬼怪故事，做写文章的材料。

外国的作家，也有许多搜集材料的故事。美国作家辛克莱，在写作之前，必定到外面去访问必要的地方，阅读必要的文件，搜集必要的材料。丹麦作家易卜生写剧本的时候，不但研究所要写的角色，并且要研究到角色的祖先。福楼拜的名著《圣安东的诱惑》，费了二十年的预备工夫。杜伦的名著《哲学的故事》，费了十一年的时间搜集材料，用三年的时间写成。

搜集材料，固然要靠平日的注意，但有时为了应付临

① 姑妄言之：汉语成语，意思是姑且随便说说，不一定有什么道理。

时的需要，可以做一次特别的工作。例如法国作家左拉，为了描写妓女的生活，自己特地跑到巴黎下层社会里去鬼混了些日子。文西为了研究人死时的表情，自己跑到法场去看犯人杀头。还有一个文人，为了写服毒的滋味，就自己做了一次冒险的服毒试验。

莫泊桑是“短篇小说之王”。少年时跟福楼拜研究文学。老师命他到街头写一百个车夫的姿势。莫氏就特为坐在路旁观察各车夫的特点，然后才满意地交了卷。后来，有一次他要知道一个人被人家踢痛后的痛苦的光景，特地出了许多钱去买一个人来踢，好借此来精细地观察。这种方法原是他母亲告诉他的，他的母亲说：“几时你要写一样东西，定先要把这样东西观察得十分清楚，然后下笔。”

## 三、搜集材料的工具

有几种工具是搜集材料时很有帮助的，写在下面：

（一）用脑子思索

在动笔写作之前，要先思索一番，想想如何开头，如何结尾，中间写些什么，然后才有完整的作品。前面我曾引过王勃属[1]文时酣饮而卧的故事。其实他在酣饮之后，引被覆面卧的时候，正是他聚精会神从事思索的时候。如果我们以为他睡觉了，那真是受了他的欺骗。

哲人尼采在写作之前，总是先到外面散步，为的是要在清静的地方做思索的工夫。

有时我们要将思索心得，写下来保存，以备应用。否则往往到用时，就忘记得无影无踪了。

（二）用眼睛观察

据心理学家的研究，吾人一生的知识至少有百分之七十五是由视察得来的。眼睛对于作文有最大的帮助。记叙事物，必须靠观察；抒写情景，也必须靠观察。古人常说文人要多游名山大川，开张自己的胸襟，这就是说要多多观察。观察得多，作文就不枯窘[2]；观察得精，作文就不肤浅。“作文的趣味”一章里所说的李长吉、左拉、莫泊桑等人的故事，都是写好文章必须有精密的观察的证明。

（三）用耳朵去听

用耳朵去听取材料，对于作文也是很有帮助。中国古人说好文章要写得“有声有色”。有色是靠眼睛，有声是

---

① 属：多音字，此处读zhǔ，意为连缀字句。即撰写（文章）。

② 枯窘（jiǒng）：枯竭贫乏。

靠耳朵。天地间森罗万象，有时要用眼看，有时要用耳听。比如欧阳修的《秋声赋》：

欧阳子方①夜读书，闻有声自西南来者，悚然②而听之，曰："异哉！"初淅沥以潇飒，忽奔腾而澎湃，如波涛夜惊，风雨骤至。其触于物也，鏦鏦铮铮③，金铁皆鸣；又如赴敌之兵，衔枚④疾走，不闻号令，但闻人马之行声。

这种描写完全是靠耳朵的。其他像白居易的《琵琶行》，几乎完全是声音的描写。

（四）用口多读

书籍是前人经验的记录，是搜集材料的捷径。每个有名的作家，都是读破万卷书的；不学无术的人，不会产生优美的作品。杜甫有句话说："读书破万卷，下笔如有神。"俗话说："熟读唐诗三百首，不会作诗也会吟。"新文学家孙伏园也说："书是前人经验的账簿，查阅起来，当然可以

① 方：正在。

② 悚（sǒng）然：惊惧的样子。

③ 鏦鏦铮铮（cōngcōngzhēngzhēng）：金属碰击所发的声音。

④ 衔枚：古代行军或袭击敌军时，让士兵衔枚以防出声。枚：形似竹筷，衔于口中，两端有带，系于颈上。

得到许多东西。”

古今有名的文章。你如果能多看多读，它的结构、它的作风，它的字句上的技巧以及思想的路径等，才能体会得到，对于你的作文才有很大的帮助。

用口多读虽笨拙，然而确是最有效的方法。世界上许多事物是用最拙笨的方法造出来的。一个人书读得多了，自然有丰富的材料可以供你作文之用了。

（五）用手多写

人的记忆是靠不住的，所以我们眼睛观察得来、耳朵听取得来、脑子思索得来、书里阅读得来的一些有用的资料，必须用手抄录下来，以备遗忘。古今多少文人都在札记上下苦功夫。把眼睛看见、耳朵听见的资料，写成速写和日记，或是随意写在一张纸上，然后分类保存，这些都是文人的产业，像商人的栈房[①]一样的可贵。俄国文豪高尔基就是一个勤做札记的文人。柴霍夫遇见风景人物，或特殊事件都记下来，写小说时便翻开自己的材料库来找需要的材料。革拉特珂夫把他平日的札记整理补充成为一篇《士敏土[②]》。中国名著《日知录》《阅微草堂笔记》《读书

① 栈房：存放货物的地方。

② 士敏土：英文“cement”的音译，即水泥。

杂志》等，都是札记的代表。

想到了便写，听到了便写，看到了便写，这是练习作文的最好方法。也许你最初写不好，日子久了，自会写得好。因为你的精神蓄藏已经丰富了。

## 四、想象也是材料的来源

以上五种——眼睛、耳朵、脑子、手和口都是供应作文材料的有力分子，除此以外，还有想象也是作文材料的主要来源。

作文固然要靠观察和经验，但是经验和观察有时是不完备的，必须用想象来补充。从知道的推想不知道的，从经验过的推想到没有经验过的，从观察过的推想到没有观察过的。这样，把不很完整的材料可以组织得更加完整。

夏丏尊[①]先生曾有以下的话：

> 经验以外，犹有一个重大要素，就是想象。左拉虽然经验了酒肆的状况，但对于其小说中的男女人们

① 夏丏（miǎn）尊（1886—1946）：名铸，字勉旃（zhān），后改字丏尊，号闷庵。文学家、语文学家、出版家和翻译家。代表作品《文艺论ABC》。

的淫荡是难有直接经验的。费罗贝尔虽尝试过砒霜的味道，但女主人公的临死的苦闷是无法尝到的。莎士比亚曾以一人描写过王侯、小民、恋爱、杀逆、见鬼、战争、城妒、重利盘剥、妖怪，等等。被斥为专描写性欲的莫泊桑，一生中也未曾有过异常的好色经验。可知经验并不是文艺的唯一内容。文艺的本质是美的情感，情感固可缘经验而发生，亦可缘想象而发生。我们对着汪洋的海，固可起一种情感，但即使目前无海，仅唤起了海的想象时，也一样地可得到一种情感的。艺术不是自然的复制，是一种创造。在这意义上，想象之重要，实过于经验。虽非直接经验，却能如直接经验一般描写着，虽是向壁虚造[①]，却令人不觉其为向壁虚造，这才是文艺作家的本领。

（《文艺论 ABC》等五章）

① 向壁虚造：也说向壁虚构，指对着墙壁，凭空造出来的。比喻无事实依据、凭空捏造。

# 二十六　文章之心——情感

## 一、维持世界的情字

张潮的《幽梦影》里有这样的两句话：“情之一字，所以维持世界；才之一字，所以粉饰乾坤。”世界得有今日，完全靠着人类的情感。

心是我们生命中最重要的部分，文章的情感，好像人类的心那样的重要。

一篇报告，或是一篇笔记，它虽是有组织的，但不能称为文学作品，就是因为它里面没有温暖人心的情感。近来新兴的报告文学，所以受人欢迎，也就是因为它把感情融入了枯燥无味、分条分项的文字里面。

缺少感情的文字，读之令人感到冰冷乏味，不能打动人心。富有感情的文字，才能激励人心，使读者同情。所以如果有人问：“作文最要紧的是什么？”我的回答便是：“情感。”

人类是生活在情感里面的。没有情感，世界早就荒芜了，地球必定和其他星球一样的冷静。世界今天所以能够维持下去，完全靠一“情”字。

人类如此，人类所创造、所欣赏的文章，也是如此。刘勰也是这样地承认情感在文章里的重要性，他说：

> 立文之道，其理有三：一曰形文，五色是也；二曰声文，五音是也；三曰情文，五性是也。[①]五色杂而成黼黻[②]，五音比而成韶夏[③]，五情发而为辞章，神理之数也。
>
> （《文心雕龙·情采篇》）

有时我们读一篇文章，津津有味，爱不释手，好像自己的生命和该文融化为一，不知道尚有“我”的存在一样。有时读些诗文，读到快意时，拍案叫绝；读到伤心处，热泪双流，或是长吁短叹。那时我们说：“这篇文章，实在是动人。”这种动人的力量，就是文字中所含的感情。

---

① 形文、声文、情文，分别指表形、表声、表情的创作。五色、五音、五性，分别指不同颜色、不同声音、不同性情。

② 黼黻（fǔfú）：古代礼服上的花纹。

③ 韶夏：《韶》（sháo），舜时的乐名。《夏》，禹时的乐名。

记得我在中学的时候，读《爱的教育》里《少年笔耕》那一篇文章，读到父亲发现叙利亚深夜帮助老父完成抄写的工作：满头白发的老父，慢慢地走到叙利亚的背后，看着儿子的笔尖在纸上运动，立刻明白了儿子学业成绩不良、健康日渐衰弱、家庭收入日渐增多的原因，连同苛责儿子的不当等思绪，都一时集上心头。父亲的懊悔和慈爱，表现得那样动人，叙利亚是那样孝敬父亲。我读到那里，禁不住落下泪来。

后来又读雨果的《孤星泪》，看见寡母因为没有钱给女儿治病，忍痛把自己的牙齿拔下卖掉，把美丽的卷发剪下换钱。那伟大的爱，又大大地感动了我。

## 二、写作是情感的发泄

人类都有发表的欲望，这种动作就是情感的发泄，所以各种文体中，以抒情文最能满足人的欲望。

我曾经测验过青年人最喜欢的是哪种题目。方法是选择各种体裁的题目共百个，印出来分给各人，要每人从其中选出最喜欢的十个题目，结果数千个大中学生最喜欢的是抒情文。其百分数如下：

记叙文　15.6%

说明文　16.8%

议论文　17.3%

描写文　25.1%

抒情文　25.1%

我又曾写出三本书的名字，告诉他们，这三本书的内容是相同的，假使你必须从中选购一本，你究竟买哪一本？结果如下：

（一）《格言录》　2%

（二）《青年格言录》　13%

（三）《青年励志格言录》　85%

为什么我们喜欢第三本，而不喜欢第一、第二本呢？因为第三本里多着“励志”两个有情感因素的词，便获得最大多数读者的喜爱。

情感最丰富的是诗词，不是散文。中国的诗词几乎完全是情感的倾泻。即使写景诗也是“有景有情”的。中国诗词的特色就是“悲欢离合”。悲欢离合是什么呢？就是感情最浓厚的时节。

文学家常把自己要发泄的情感，借着没有感情的静物，或其他生物来表明，使这些静物或生物也感情化了，这称为“移情作用”。

宇宙本来乏味，地球本是一块顽石，人类也是套死板的机器，但因有了情感的融化，这些无趣味、无生命、无变化的东西，便显得活泼可爱、慈善可亲了。所以诗人和艺术家都是丰富人生的人，改造宇宙的人，如果没有他们的情绪，人世间要乏味得多了。

中国的诗文中，这种移情的妙句很多，如李华《吊古战场文》中：“天地为愁，草木凄悲。”张泌《寄人》：“多情只有春庭月，犹为离人照落花。”潘岳《寡妇赋》说伊夫的柩出殡时，“轮按轨以徐进兮，马悲鸣而踽顾①”。江淹《别赋》说：“是以行子肠断，百感凄恻。风萧萧而异响，云漫漫而奇色。舟凝滞于水滨，车逶迟②于山侧。棹容与而讵前③，马寒鸣而不息。”最好的例子是杜甫的《春望》：“感时花溅泪，恨别鸟惊心。”杜牧《赠别》的一句更妙：“蜡烛有心还惜别，替人垂泪到天明。”

---

① 踽（jú）顾：也作“局顾”，指观望不前。

② 逶（wēi）迟：徘徊不行的样子。

③ 棹（zhào）容与而讵（jù）前：船桨迟缓不能向前划动。

在数文中，有的文字完全是移情作用。如孔稚珪的《北山移文》、韩愈的《送穷文》《毛颖传》等。

## 三、写作的建议

情感是文章之心，缺乏情感的文字，犹如没有活心脏的死人，无论文字如何秀丽，都不能打动人心。所以情感丰富是文学家的要件，把情感尽量输入文字里是作文的基本秘诀。

情感两个字都从“心”（情是心字旁，感是心字底），所以称情感为文章之心。

下面是几条应用的建议：

（一）文必含情方能感人

动人有力的文字，必含丰富的情感。情感之动人，大非理智可比。自古文人，都知道这个秘诀。所以不但抒情文如此，就是描写文、记叙文，也多是“景中有情”，才算上乘。议论文能“有情有理”，才易动人。所以刘勰说：

> 夫铅黛所以饰容，而盼倩生于淑姿；文采所以饰言，而辩丽本于情性。

又说：

情者文之经，辞者理之纬；经正而后纬成，理定而后辞畅，此立文之本源也。

（《文心雕龙·情采》）

（二）情的表现贵具体而贱抽象

情的本身原是无影无踪、不能捉摸的东西，所以最好的表现法是用具体的笔法，使读者容易领会而受感动。所以“笑里藏刀”比“阴险”好；“走马看花”比“马虎”好；“肝脑涂地”比“效劳”好；“穷愁重于山，终年压人头”“愁似故园芳草，东风一夜还生”比单说“愁煞”“愁极”“多愁”好；“东离西有多么远，它叫我们的过犯，离我们也有多远”，比说“远离罪恶”好。此外如《少年笔耕》写父子之情，《六千里寻母》写母子之爱，《以牛易羊》写恻隐之心，都是最好的具体例证。

（三）当在情绪饱满时写作

情绪饱满的时候是写作最好的机会。在这当儿往往提笔直书，即有优美的作品，既迅速，又精彩。王勃作《滕王阁序》，是在宴会之后，当场执笔，未修改一字；曹植作“煮豆燃豆萁”是七步成诗。李白说：“日试万言，倚马可待[①]。”

美国作家马克·吐温的作品，有许多是写在枕头套上的。想来一定是一觉醒来，或是欲睡未睡时，忽得灵感，随即写下的。

德国文学家歌德半夜想到什么，必定立刻坐起来，把它写好，免得次日清晨忘记了。

我国近代文人梁启超睡觉时床头必放纸和笔，以便情绪充满时，立刻把它写下来。

欧西有这样的一句成语——“趁热打铁”（Strike while the iron is hot），写作时也需要有这样的精神，不然，热度退了，要写也写不出来了。

（四）情绪是复杂的，我们要纯洁的情绪

社会上流行的艳情小说等作品，完全是性的引诱。所以我们写作时要注意情绪的选择。温彻斯特认为有价值的文学情绪有以下五点：

（1）纯正或适度的情绪效力最大；

（2）活跃或有权威的情绪效力最大；

（3）连续或真确的情绪效力最大；

（4）范围大或多变化的情绪效力最大；

（5）无阶级性或无特殊性的情绪效力最大。

① 倚马可待：汉语成语，形容才思敏捷，写文章快。

# 二十七　思想的泉源

## 一、井的故事

记得我幼小的时候，住房的后面有一处高起的地方，上面总是盖着两块很大的石头。日子久了，没有人去注意它。只有顽皮的孩子常喜欢坐在石头上用水调泥，做些玩具一类的东西。

从石缝里看下去，并不能看见什么，只见黑漆漆的。祖父告诉我，下面是一口井，恐怕小孩子跌进去，所以用石头盖好。

一天，我家天天吃水的一口井颓塌了，全家立刻发生对于水的急需，要到邻人的井里弄水吃了，那是多么麻烦的事。幼小的我立刻想到屋后的一口井，就向祖父建议：

“爷爷，把屋后的石头搬开，不是有一口井吗？”

“啊，孩子，那井日子多了不用，里面的水已经不可以吃了。”

“为什么不可以吃呢？”

“井水要天天用，才清凉可口。如果日久不用，水便污浊了，有不好的味道。如果天天用，新的水从泉源里生出来，又新鲜又卫生，你明白吗？”

“爷爷，屋后的井里，没有新的水从泉源里生出来吗？”

“没有的！井水不用，便不会有新的水生出，总是那些腐坏的水贮在里面。”

幼小的我，总是有些不明白，为什么井水不用就没有新鲜的水出来？后来到了学校的时候，才知道了其中的道理。

我们的思想，好像井水。常常使用，才有新鲜清凉的水；如果日久不用，里面的东西便臭了。

废井里的水，虽然不用，也不会再多生出来。如果常常汲水[①]来用，里面的水并不见少，而且会变得更新鲜。我们的思想也是这样，只有常常用它，才有新颖的思想。

有新颖的思想，才有可爱的作品。新颖的思想是在常用之中磨炼出来的。

思想是作文的要素。凡是有价值的作品，必定含着有价值的思想在内。

---

① 汲水（jí）：吸取水分，从下往上打水。

思想常是在动作中训练出来的。英文中有“Learning by doing”的成语，从“做”中学是最有效的学习方法。尤其是作文和思想，从实际的工作中，可以得到进步。所以有许多文人，起初的文章写得并不过人，但是在多次写作之后，就有了惊人的进步。

## 二、思想的不同

思想是什么呢？思想是一种精神的探索，一种从脑子里掘发东西的活动。美国心理学家伍德沃斯说思想是下列四种活动的联合：

（一）过去观察之事实的回忆；

（二）事实的整理和组织；

（三）用尝试错误法运用事实；

（四）动机作用，或受进行中之活动的支配。

从这种分析中可以知道，思想是建立在过去的经验之上的，把已经知道的事实重新组合起来，用新的方法来使用。所以胡适之说：

思想究竟是什么呢？第一，戏台上说的“思想起来，好不伤惨人也”，那个思想是回想，是追想。第二，平常人说的“你不要胡思乱想”，那种思想是妄想。思想是用已知的事实作根据，由此推出别种事物或真理的作用。

思想有再生的思想和想象的思想（reproductive thinking vs imaginary thinking）。想象的思想是将过去的经验联结起来，产生一种新的关系，也就是所谓“创造”。作曲家根据所读过的曲子，把许多小碎片凑集起来，作成新曲；文学家把过去所见、所闻、所读的东西，重新组合，写成诗、词、歌、赋、小说或散文。所以说思想是不能独立的东西。

思想又有控制的和自由的不同（controlled thinking vs uncontrolled thinking）。控制的思想是有目的、有次序的工作。自由思想是当着心不在焉的时候、想入非非的时候所有的情形，忽东忽西，随意漂荡。平常所谓的“白昼梦”（day dreaming）就是自由思想的代表。一会儿想到家里的一只小狗，小狗必定饿了，吃中饭时回家喂它。一会儿想到学校功课要考试，考试完了，去看外婆。一会儿由外婆又想到一家花园……这样没有目标，没有秩序地想下去，叫作自由的思想。

作文时所要的思想是控制的思想，必须有目的、有步骤。例如想到内战的时候，想到内战的种种害处，对民族的损失、对国际间名誉的损失、对人民的损失……一层一层地想下去才行，否则杂乱无章，乃为胡思乱想，不是思想了。

## 三、思想的快慢

我们的思想各人不同。有的人思想很快，像闪电一样；有的人思想很慢，要穷思苦索，费很大的心力。

“淮南崇朝而赋骚，枚皋应诏而成赋，子建援牍如口通，仲宣举笔似宿构，阮瑀据案而制书，祢衡当食而草奏”，这些说的都是思想很快的人。

思想慢的例子也有很多：“相如含笔而腐毫，扬雄辍翰而惊梦，桓谭疾感于苦思，王充气竭于思虑，张衡研京以十年，左思练都以一纪。”贾岛甚至于慢到“两句三年得”的地步。

在作文的时候，应当求思想之精澈，而不可求思想的迅速。要仔细地想，想得面面俱到，想到完整得没有可以击破的缝儿。

为了训练我们的思想，我们应当多读书报，尤其是哲学和社会科学方面的书报，更要多读。同时也要多多吸收见闻，多多接触人生，好决定自己的人生观，加深自己的社会认识，借以涵养自己的思想。

## 四、写议论文思想要最清楚

随便写什么文，都要有思想。即便描写，也要把你的思想润饰在里面，不过写议论文时最需要有清楚的思想。

使思想清楚的方法本来没有一定，但是说话行文有层次、有步骤，是写作议论文的时候应当注意的。下面是一个很好的例子：

> 庄辛谓楚襄王曰："君王左州侯，右夏侯，辇从鄢陵君与寿陵君，专淫逸侈靡，不顾国政，郢都必危矣。
>
> ……
>
> 王独不见夫蜻蛉[①]乎？六足四翼，飞翔乎天地之

① 蜻蛉（qīnglíng）：蜻蜓。

间，俯啄蚊虻而食之，仰承甘露而饮之，自以为无患，与人无争也。不知夫五尺童子，方将调饴胶丝[①]，加己乎四仞之上[②]，而下为蝼蚁食也。

夫蜻蛉其小者也，黄雀因是以。俯啄白粒，仰栖茂树，鼓翅奋翼，自以为无患，与人无争也。不知夫公子王孙，左挟弹，右摄丸，将加己乎十仞之上，以其类为招[③]。昼游乎茂树，夕调乎酸咸，倏忽之间，坠于公子之手。

夫雀其小者也，黄鹄[④]因是以。游乎江海，淹乎大沼，俯啄鳝鲤，仰啮菱衡，奋其六翮[⑤]而凌清风，飘摇乎高翔，自以为无悲，与人无争也。不知夫射者，方将修其碆卢[⑥]，治其缯缴[⑦]，将加己乎百仞之上；被礛磻，引微缴，折清风而陨矣[⑧]。故昼游乎江河，夕调乎鼎鼐。

夫黄鹄其小者也，蔡灵侯之事因是以。南游乎高

---

① 调饴胶丝：调和糖浆粘在细线上。饴（yí）：糖浆。

② 加己乎四仞之上：把它在三丈高的地方粘住。仞（rèn）：古时八尺或七尺叫作一仞。

③ 以其类为招：把黄雀的颈作为弹射的目的物。

④ 黄鹄（hú）：天鹅。

⑤ 六翮（hé）：翅膀。

⑥ 碆（bō）卢：用弓发射打鸟的石箭头。

⑦ 缯缴（zēngzhuó）：即矰（zēng）缴。指猎取飞鸟的射具。

⑧ 被礛磻，引微缴，折清风而陨矣：黄鹄将带着箭拖着丝线，从清风中落了下来。礛磻（jiānbō）：锐利的石制箭头。

陂，北陵乎巫山，饮茹溪之流，食湘波之鱼。左抱幼妾，右拥嬖女[1]，与之驰骋乎高蔡之中，而不以国家为事。不知乎子发方受命乎灵王，系己以朱丝而见之也。

蔡灵侯之事其小者也，君王之事因是以。左州侯，右夏侯，辇从鄢陵君与寿陵君，饭封禄之粟，而载方府之金，与之驰骋乎云梦之中，而不以天下国家为事。而不知夫穰侯方受命乎秦王，填黾塞[2]之内，而投已乎范塞之外。”

襄王闻之，颜色变作，身体战栗，于是乃以执珪[3]而授之为阳陵君，与淮北之地也。

这是楚人庄辛劝说国王的一篇谈话，他的主要意思（命题）就是“君王左州侯，右夏侯，辇从鄢陵君与寿陵君，专淫逸侈靡，不顾国政，郢都必危矣”。接着分五层来证明，由小而大，从蜻蛉、黄雀、黄鹄、蔡灵侯，说到君王自己，使证据逐渐加重。最后的一段话，又和他的命题相呼应，所以使人听了容易折服，无怪“襄王闻之，颜色变作，身体战栗”，立刻接受了庄辛的劝告。

---

① 嬖女（bì）：受宠爱的姬妾。
② 黾塞（miǎnsāi）：古隘道名。
③ 执珪（guī）：亦作执圭，先秦楚国爵位名。

# 二十八　作家的仓库——经验

## 一、创作不过是经验的改编

人生的经验是作文最重要的材料。所谓创作不过是经验的改编（recreation）。没有经验的人所写的东西，必定患“贫血症”，内容空虚枯燥。所以伟大的作品，都是不同寻常的经验的记录。

许多作家都道出了经验的重要性：

德国大诗人歌德说：“取材不在远，只消在充实的人生中。”

日本文人小泉八云说：“伟大的小说家、剧作家，以及一切散文作家，都是纯粹的社会人。他们在社会里发现写作的趣旨①。”

诺利斯说：“我不愿作文学的东西，却喜欢写人生的作品。”

① 趣旨：意趣、意旨。

罗丹说："紧要之点，要有感动力，要有爱，要有希望，要有战栗，要有生命，做艺人之前，先要做人。"

叶圣陶说："生活犹如泉源，文章犹如溪水。泉源丰盈而不枯竭，溪水自然活泼泼地流个不歇。"又说："写文章不是什么神秘的事情、艰难的事情。文章的材料是经验和思想，文章的根据是语言。"

有丰富过人的经验才有动人伟大的作品，所以世界许多第一流的著作，都是产生于作家四十岁以后的。

## 二、特别的经验产生特别的作品

许多文学家都经历过颠沛流离的生活，尝过别人没有尝过的人生味道，这些经验织成了他们的不朽作品。

刘大杰少年时家庭困苦，父母双亡，后来经过努力奋斗，获得了成功。他有这些经验，所以才写出了《三儿苦学记》。

巴金是在新时代的旧家庭里长大的，看见过新旧的人物——思想和活动的表现，所以写出了《家》《春》《秋》三部名著。

冰心当年的经验中只有母亲和小弟弟，我们就不能逼她写出别的东西来。

我们不能盼望鲁迅先生给我们写恋爱小说，因为他缺乏这类的经验。

陀斯妥耶夫斯基曾参加革命活动，被捕宣布死刑，后来得到了特赦，流放到西伯利亚，做了十年苦工，受尽饥寒和拷打，甚至受虐待，发了癫痫病。他有这些常人没有的经验，所以有常人写不出的作品。

挪威作家哈姆生，曾做过鞋匠、学徒、煤炭挑夫、马路工人、电车司机、小学教员、新闻记者、浪人、水手、木匠等，在贫穷时常常挨饿，结果产生了关于饿的杰作。

高尔基的一生是大家所熟知的。他有超人的作品，因为他有超人的经验。他自己说："推动我写作的是饱尝经验。"

美国作家哥尔德自己是犹太移民，住在纽约贫民区的一条陋巷里，所以后来他写了一部《无钱的犹太人》。

赛珍珠生长在中国，熟识中国的民情风俗，所以写成了一部描写中国农村的作品《大地》。

托尔斯泰二十五岁时曾参加俄土战争，后来写了《战争与和平》。

雷马克十八岁参加欧战，后来写了《西线无战事》。

绥拉菲莫维奇曾参加内战，后来写了史诗《铁流》。

曹雪芹生于富豪之家，所以写了《红楼梦》。

司马迁二十岁，“南游江、淮，上会稽，探禹穴，窥九嶷[①]，浮于沅、湘；北涉汶、泗，讲业齐、鲁之都，观孔子之遗风，乡射[②]邹、峄，厄困[③]鄱、薛、彭城，过梁、楚以归”。他有这样的阅历，所以能写成一部气魄雄伟的《史记》。

柳宗元被贬荒僻的永州，才产生了那些可爱的记叙小品，创立了山水文学。

李后主身为亡国之君，尝尽思国怀乡的苦情，所以有那些缠绵动人的诗词。

我们不要再引证下去了，几乎每位文人的作品都是他们自己经验的记录。

## 三、两种经验

我们的经验，可以分为内蕴的经验和外围的经验两种。

内蕴的经验就是心灵的经验，也就是心理的描写，比外围的经验更为难得。外围的经验只要多观察，多接触社

---

① 九嶷（yí）：山名，也作“九疑”。

② 乡射：古代射箭饮酒的礼仪。

③ 厄困：（遭遇）困难。

会，便能多得；内蕴的经验，有时是不能控制的，例如恋爱的心境，死了母亲的情绪，以及种种悲哀、惧怕、快乐等内心感觉，都是不易捉摸的。

汪静之曾说："只有能体验的人才能得到内含的经验，也只有能体验的人才能写出大作。体验的人的资格，是有生动的好奇心和深广的同情心这两种特性。体验的人因有这两种特性的结合，对于人生社会的兴味便更旺盛，便更能深刻地了悟①人生。"

例如郭沫若写《孤竹君之二子》的时候，为了要描写饥饿中的种种幻觉，他曾立志不吃饭，以便从事体验。就是因为他缺乏这种内蕴的经验。

外围的经验是容易获得的。最容易的方法就是多游历，多参观，多考察，看尽人家没有看见的东西，那么你的经验便会丰富起来。

游历在写作上有莫大的帮助。张潮有一句话说："文章是案头之山水，山水是地上之文章。"这里所说的山水，就是外围经验的一种，把它写下来就是文章。中国的文人，大都是外围经验丰富的人。可惜我们和自然接近的机会太少了，所以我们的外围经验如此贫乏。

---

① 了悟：体悟、感受。

好的文学作品，不外是自然和人生的刻画。离开了自然和人生的作品，不过是文字堆砌，起承转合的空壳子，所以有人说："自然和人生是我们最好的教师。"因为自然送给我们以外围的经验，人生送给我们以内蕴的经验。这两种经验是作家的滋养料，要不断地吸收才能产生肥美的果实。

## 四、要写经验之内的东西

学生对作文不感兴趣的原因之一，就是教师所出的题目不是自己经验之内的东西，所以陷于无话可说的困难。结果是应付几句就算了。这样哪里会有好作品产生呢？

一个人，认不清某一件事，对于这件事就不能有所批评。如果勉强批评，一定不中肯。我们在作文之时，如果所写的不是自己很清楚知道的事，那么所写的必是隔靴搔痒[①]。所以我们在作文之前要认清自己，知道自己所熟知的事，然后下笔，自然就有话可说了。

我曾印出各种作文题目一百个，叫学生选择自己喜欢写的十个。统计的结果发现，许多学生喜欢：《我的母亲》

① 隔靴搔痒：隔着靴子挠痒。比喻说话、做事没有抓住要害，不解决问题。

《我的家庭》《中秋节记趣》《春假游记》《新年小记》《街头小贩》一类的题目，这就是因为学生对这些事比较熟识一些，觉得有话可说。

这样说来，学生们只能在自己这个小圈子里逗来逗去了。是的，起初学文，最好只在自己熟知的事上下笔，渐渐地再将范围扩大，再试在比较生涩的事上用功夫。有许多时候我们是要逼着自己做些比较难的事，做些自己不熟识的事，否则就没有进步了。所以我主张，先写自己经验之内的东西，渐渐写到新的题目上去。最后引杨晋豪的一段话，作为本章的结束：

书报是人生的缩图，一切古今中外的人生阅历，在书报中大都可以找得出来。小说、戏剧、散文、随笔、诗歌……在各种形式中，都记录着各种人生的姿态。在历史中更贮藏着两千年来人类生活的各种记录。在报章上，披露着目前社会的动态写实。可见除了自己的生活体验以外，经验记录是无限地存在着。平日多读书报，是帮助作者间接地了解人生和经历事物。阅读书报愈多，所得的人间阅历也愈多，而创作的题材范围也愈大。不过，倘若把别人的经验，原封不动地拿来，是不成其为创作的，作者必须将它通过自己的生活，还原为自己的经验，然后描写出来才行。

# 二十九　神秘的灵感

## 一、灵感的神秘

据说在英国威士敏寺院里，诗人华兹华斯的墓上，立着一个纪念碑。碑的图样是一个天使展着翅膀，按着诗人的肩头，侧身在他的耳边细语，传达诗歌的灵感（inspiration）；华兹华斯伏在案上，在天使传给灵感的时候，写他的诗歌。

艺术所依赖的是灵感，古人都说是由于神的启示。柏拉图在他的《对话》（*Dialogue*）里这样说："有一种迷狂症是诗神激动起来的。她凭附着一个心灵纯朴的人，鼓动他的狂热，唤起诗的节奏，使他歌咏古英雄的丰功伟业，来教导后人。无论是谁，如果没有这种诗人的狂热而去敲诗神的门，他尽管有极高明的艺术手腕，诗神也永远不让他升堂入室[1]。"这里所说的"迷狂症"就是灵感。古希腊也

① 升堂入室：也说登堂入室。古代宫室，前为堂，后为室。比喻学习所达到的境地有程度深浅的差别。

以为各种艺术是由一位女神主宰的。中国文学家也有“下笔如有神”的说法。相传江淹有一夜梦见郭璞向他说：“吾有笔在卿处多年，可以见还。”他探得怀中五色彩笔，还给郭璞，从此以后，写诗作文就无美句，这就是所谓“江郎才尽”。这些都是把灵感看作很神秘的东西。

我们在没有说明灵感的特点和灵感的心理解释以前，先看看几个人对灵感的意义的解释。

灵感的意义是什么呢？有个人这样解释：“也许你正在欣赏风景，或是在花丛中寻觅可意的一朵花，或是在临风默想，或是在寂静的田野中散步。正在这一刹那间，你心坎的深处，好像被什么一掠，感觉到微微的一动，你的意想中，立刻有一个新的境地映显出来，这就是一种奇异的启示，这就是灵感。”

只要我们触动这个灵感，美术家自然会几笔绘成一幅杰作，音乐家自会叮当地奏出动人的曲谱，写作家自会执笔写出夺人心魄的妙文。要紧的是不要放过这个机会，让灵感飞去，它常是一去不复返的，多少人因为一时的懒怠，误了妙文的产生。

法国文人布枫[①]有几句话说得十分清楚，他说：“有时

① 布枫：今译布丰。

你觉得有一种微小的电力来撞你的头脑，同时捉住你的心胸，在这个时候就是天才的当儿。”这种撞你捉你的、微小的电力，就是灵感的冲动。

灵感总是有些神秘，使人不可捉摸。

## 二、灵感的特点

照上面的话看来，灵感有以下的特点：

（一）灵感是突然来突然去的，为时极短，如果不能立时捉住它，把它现形化，它就一去不返，也许再也寻不到它的踪迹。所以许多文人都有近接灵感的准备。诗人李贺骑驴出游，总是带着纸、笔、锦囊，一有诗的灵感，就立刻把它写下投在锦囊里。左思作《三都赋》的时候，家庭中到处放置纸笔，举凡门旁、床边、食处、书房，甚至连厕所里都有预备，一旦灵感来时，立刻写下，免得让妙句漏走。梁启超睡觉时案头放着纸和笔，胡适也有这样的习惯。有许多人，灵感来时，因为没有准备，只能在信封的背面，或是包裹纸上，写成了他的不朽作品。

（二）灵感来时，能使作者很省力地写出自己也不相信的作品。这种作品往往既迅速，又精美。歌德写《少年维特之烦恼》就是个好例子。他自己说，听到耶路撒冷自杀的消息，仿佛看见一道光在眼前瞥过，立刻就把《少年维特之烦恼》全书的纲要拟好，一口气把它写完，然后把稿子复阅一遍，自己觉得很诧异。他说：“这部小册子好像是一个患睡行症[①]的人在无意识中写成的。”

（三）灵感之来，往往出于作者意料之外，作品完成了，才感到自己又完成了一件作品。雕刻家罗丹作《流亡的犹太人》便是如此。他说：“有一天，我整天都在工作。到傍晚时正在写一章书，猛然间发现纸上画了这么一个犹太人。我自己也不知道是怎样画成的，或是为什么去画它，可是我的那件作品全体却已具备于此了。”

（四）灵感有时希望它来，它偏不来；在无意中它却突然出现。音乐家柏辽兹替贝让洁的《五月五日诗》谱曲，谱到收尾的叠句“可怜的兵士，我终于要再见法兰西”时，猛然停止，再三思索，终想不出一段乐调来传达这诗句的情思。过了两年，他去游罗马。有一天失足落下河去，遇救没有淹死，爬上来时口里所唱的一段，就是两年前再三思索而不能得的。在中国，唐朝时有一个和尚，在中秋节写了一句诗：“此夜一轮满。”费尽心思，也写不

① 睡行症：俗称梦游症。

出下句。直到次年中秋，灵感来时，立刻接上下句："清光何处无。"

## 三、科学的解释

关于灵感的解释，古人说是由于神的启示，但现在科学的解释是，由于潜意识作用和联想作用。

什么叫作潜意识呢？心理学者詹姆斯曾说过一个实例：

有一个人跌下火车之后，把原来的经验都忘记了。他在一个小镇上做了几个月的小生意。有一天，他忽然醒过来，发现身旁的事物都不是习见的，才自疑怎么会走到这个地方。旁人告诉他说，他已经在这里做了几个月的生意了，他绝不相信。

这个人在做小生意的时候，就是靠着潜意识来进行活动的。

催眠术完全是利用潜意识的活动。受催眠者的言语行动，和醒时往往完全不同。例如在平时他本没有臂力，在催眠中却能举千斤重担。更有一件怪事，就是在催眠中你吩咐他的话，他醒来后，虽然不记得，但是过了些时候，他会照你的吩咐做得一字不错。这就是因为在潜意识中还保存着这些吩咐的话。

灵感就是在潜意识中所酝酿成的意象，涌于意义之中，而意识仍旧存在。例如德国作曲名人亨德尔的一首无词歌曲，就是因为听见铁匠在铁砧上打铁的声音受到触动而写成的。亨德尔平日在潜意识中早就暗中有了一首曲子的雏形，直到这一天，意识中听见打铁的声音，和无意识中的乐曲偶有相仿之处，因而把潜意识中的全部曲子的雏形一起勾引出来了。

灵感产生的第二个原因是联想。例如李白看见地上白色的月光，立刻想到家乡和家庭中的亲人，不觉情感涌出，不费力便写成"举头望明月，低头思故乡"。因为作者在故乡时曾多次在茅舍之旁，仰面欣赏月光，因此月亮和故乡发生了关系，现在一旦看见了月光，便把从前的景象也联想起来了，因而产生了这首诗的灵感。荷马写世界闻名的史诗特洛伊被围十年的故事，是由于看见美人娇艳的一笑，也是这个原因。

桂林文吕阁里有一副对联，其中有一句是："水月尽文章，会心时原不在远。"

会心时，就是灵感来的时候，也可以说，就是由于水月所发生之联想。

## 四、招引灵感的方法

我们写文章常缺乏灵感，得不到新鲜的意思。为了这点，有两种方法对于写作是有帮助的：

第一，培养写作的动机（motivation）。首先，常和爱好文学、努力写作的人往来谈话，从这些接触中，可以获得写作的灵感，使写作的动机成熟。其次，是预备写作的环境，把笔墨纸砚等预备齐全，给自己布置个写作的环境。最后，是下决心“开始写作”，这样也许文思会不断地涌来。尼克仲说：

> 多数人最大的困难是“开始”，工作一旦开始了，这些活动便会蜂拥而来。有许多作者，往往写到半截就停止了，为的是孵育目的，重整工作的态度。有志从事写作的人，应当注意自己是要咬牙垂发做些落空的努力呢？还是养成一种能坐下就起劲专心工作的习惯？绝不可相信，前者比后者能产生更好的创作的工作。

第二，作家为了使思想更自由地呈现，有许多招引灵感的方法。这些也可以说是文人们已经成了习惯的怪癖。兹分述如下：

刺激品是文人最常用的。李太白“斗酒百篇”，中国许多文人都在酒后文思最盛；美国的爱伦·坡、英国的狄更斯等人，都借助于鸦片；林语堂和鲁迅等人，写文章时必定要吸香烟；法国的伏尔泰和巴尔扎克，都借助于咖啡；莫泊桑借助于以太；雪莱饱饭之后，坐在火炉旁时灵感最盛；音乐家莫扎特也是在饭后工作最好。

调节温度，可以使血脉流通，增进思路，招引灵感。德国诗人席勒在创作时，喜欢把脚没在河水里；波舒哀在冷室中写作，必用毛皮包头；鲁展禽在地上大滚之后，爬起来才有惊人的书画。

写作的姿势，也影响思路，增减灵感。弥尔顿喜欢躺在床上写诗；马克·吐温也喜欢偃卧[①]；英国作家法勒一生的著作，都是站着写的。据心理学专家周斯调查的结果，大半的诗人喜欢横卧的姿势。科学的实验也证明偃卧可以使血液流畅，宜于思想。

作家们几乎都有一些怪癖，但这只是文人自己的习惯，

---

① 偃卧（yǎn）：仰卧。

并不能证明人人如此，都有招引灵感的效力。科学家证明，只有写作的姿势和适当的刺激物，有助于思想的活跃，于写作是有益的。

# 三十　题目的趣味

在我们的心里有了一个意思，或是一种情感，我们把这些思想和情感保留下来，写在纸上，或是给别人看，或是给自己日后覆按[①]——为了这个，我们才动手写文章。这种思想和情感就是自然的题目。所以文章的意思在先，题目不过是表明自己的文章的中心罢了。

题目的本身，无所谓难易。学生们作文时，常以为题目太难，乃是因为他对这个题目，没有可说的话。换句话说，就是缺乏写作的材料时，才感觉题目难。

中国古人写文章很不注意题目，常常截取篇首几个字作为题目。例如《论语》第一句是“学而时习之”，就以“学而”两字为题。《战国策》有“秦兴师临周而求九鼎”的记载，就以“秦兴师临周而求九鼎”为题目，其他许多古书都是如此。

中国文学中的词，只有词谱而无题目。有许多诗也是“无题”的作品。散文中有许多著名的文章，从读者的心理方面

① 覆按：亦作“覆案”，审察，查究。

说，题目都是很坏的，引不起阅读的兴趣。例如韩愈的《原道》《送孟东野序》，欧阳修的《醉翁亭记》等。这种题目，若不是作者有名，文字的内容好，是惹不起读者来花费时间的。

## 一、题目的影响

一篇文章的题目，好像个人的衣饰。美丽合体的衣服，能增加人的美观；破旧污秽的衣服，能使美人变为乞丐。所以郑板桥在寄给弟弟的书信里说："作诗非难，命题为难。题高则诗高，题矮则诗矮，不可不慎也。"作诗如此，作文也是如此。一个初学写作的人，对于题目的斟酌，应当和修饰词句一样地用功夫。

我曾在《青年日报》时，写过一篇短文，最初的题目是《潜藏的能力》。后来觉得这个题目太生硬，不能引起一般读者的爱好，就改成《你常常勉励自己吗？》，使题目和读者发生关系，并且用一个问题引起读者的反省。文章写成后给一位朋友看，他说题目太啰嗦，而且有牧师说教的气味，于是他代我改为《勉励自己》，既简洁，又不失刺激读者的能力。

一个动人的题目，是他写文章的一柄利刃，先给读者以刺激。如果题目失败了，全局即容易陷于危险的境地。现代的作者和著作家都知道此中的重要，所以在文章的题目和书名上，不惜多用心思。

一家外国书店，出版一套蓝皮小丛书，销路虽然好，但是仍不满意。在重版的时候，将书名换了一个，结果销路大增。兹将其新旧书名和销售数目比较如下：

| 旧书名 | 每年销售数 | 新书名 | 每年销售数 |
| --- | --- | --- | --- |
| （1）《烛舞》 | 15 000册 | 《一个法国妓女的牺牲》 | 54 700册 |
| （2）《海盗》 | 7 500册 | 《水手之战》 | 10 000册 |
| （3）《金丝》 | 6 000册 | 《追逐银发少女》 | 50 000册 |
| （4）《铜面罩奇案》 | 11 000册 | 《奢欲之王》 | 38 000册 |
| （5）《国王享乐》 | 8 000册 | 《王下无人与此女共欢》 | 34 000册 |
| （6）《美术的意义》 | 6 000册 | 《美术对你的意义》 | 9 000册 |
| （7）《十句钟》 | 2 000册 | 《马克罕凶杀案》 | 7 000册 |
| （8）《尼采及其他》 | 10 000册 | 《尼采哲学的故事》 | 45 000册 |
| （9）《爱因斯坦论》 | 15 000册 | 《爱因斯坦相对论浅说》 | 42 000册 |
| （10）《墨索里尼的真相》 | 14 000册 | 《法西斯主义的实况》 | 24 000册 |
| （11）《天然的诗》 | 2 000册 | 《你是个青蛙我是个鱼》 | 7 000册 |
| 共计 | （旧）96 500册 | （新）320 700册 | |

把书名换了一个，销路增加了两倍。这位出版商人很明白题目对于销路的影响。

有一次，我把一篇同样的论文，写出四个题目，问班中学生看见了这些题目以后，要先读哪一篇，结果如下：

| 题目 | 愿意最先读此文的人数 |
| --- | --- |
| （1）《大国民风度的限制》 | 八 |
| （2）《对日本人的正确态度》 | 十六 |
| （3）《赏善罚恶》 | 五 |
| （4）《照各人所行的报应他》 | 二 |

题目的不同，对于读者确有很大的影响。写下文章，若是不能引动别人阅读的兴趣，就是作者的失败。我们应当在拟题时，多用些心思，使你的题目有动人的能力，使读者看见了题目，一定要把全文读遍才肯罢休，这才能达到拟题的目的。

## 二、最有趣味的题目

题目又像一个人的面貌，是最惹人注意的部分。美人，是因为她的面貌如玉。小说家描写人物的笔墨多是费在面貌上。明星所以有名，是因为他的面部的表情动人。现代文人深知此理，所以在题目上常是煞费心思，正像美女艳饰她的面部那样地用心。

怎样的题目最惹人注意？怎样的题目最有趣味？

（一）满足人类欲望的题目最惹人注目

孔子有句话说："饮食男女，人之大欲存焉。"这是很合心理学的名言。人类最大的欲望就是丰衣足食。在缺乏食物的时候，往往不顾生命的危险和人格的堕落，铤而走险，以求一饱。我们不但注意自己的肚腹，也关心别人的饥饿，所以同情贫穷人的文章，常受读者的欢迎。例如《一个卖火柴的小女孩》《饥饿贫穷的犹太人》等，都能打动人心。有人估计全世界的人类至少有三分之一在从事食物的生产和支配的工作。假设有人能写一篇文章，以《一个不吃饭的人》为题目，必定很受读者的欢迎。

"男女之间"不知产生了多少可歌可泣的故事。著名的小说，大多数都脱离不了"爱情"。中国的名著《红楼梦》《西厢记》，欧美的《你往何处去？》《红字》等都是。异性的动人是出于天性，无法制止。甚至英雄如项羽，被困垓下[1]，在生命垂危的时候，仍高唱着“虞兮虞兮奈若何”；拿破仑临死时喊着约瑟芬的名字。更有一些英雄为了异性不惜任何代价：曹操领八十万大军南下，是为了实现“铜雀春深锁二乔”；吴三桂引清兵入关，出卖祖国，是“冲冠一怒为红颜”；英王爱德华八世为了辛博森夫人甘心让出王位。无怪孔子说“吾未见好德如好色者”了。

女性有如此引人的魔力，所以含有这种魔力的题目，必受人欢迎。所以《烛舞》一题换为《一个法国妓女的牺牲》后，销路增加了三倍半。不过这个原则要谨慎运用，用得不当则有伤“大雅”，陷于“肉麻”了。

（二）引人好奇心的题目惹人注意

好奇心是人类寻求知识的动力。受着好奇心的驱使，多少人不顾生命去探险。侦探小说所以受人欢迎，就因为它能满足读者的好奇心。所以文题带些神秘性，新奇一点，就有引人的能力了。因之《笔与狱》一题，不如《一个著

① 垓（gāi）下：古地名，位于今安徽省宿州市灵璧县，是楚汉相争最后决战的战场遗址，被誉为世界七大古战场之一。

名罪犯的轶事》,《海盗》不如《水手之战》。

有一位心理学家，用十个影片名称做了一个有趣的实验。他把影戏名称给一百个人看，问他们愿意先看哪一出，其次是哪一出，以至最后是哪一出，得到以下的结果：

| 题目名称 | 得票次序总数 | 平均次序 | 名次 |
|---|---|---|---|
| （1）《金银船》 | 390 | 3.9 | 一 |
| （2）《命运》 | 408 | 4.08 | 二 |
| （3）《贪心》 | 451 | 4.51 | 三 |
| （4）《曼拉赞之王》 | 479 | 4.79 | 四 |
| （5）《第二位少年》 | 507 | 5.07 | 五 |
| （6）《钢一般的真实》 | 551 | 5.51 | 六 |
| （7）《谁关心呢》 | 586 | 5.86 | 七 |
| （8）《弃妇》 | 679 | 6.79 | 八 |
| （9）《灰兄弟》 | 698 | 6.98 | 九 |
| （10）《玛丽的朋友》 | 751 | 7.51 | 十 |

《金银船》（*Treasure Ship*）所以获得第一，是因为它含有冒险的启示，有神奇的联想。《玛丽的朋友》一题并不算坏，只因该题缺少力量，使人一看题目，似乎就可以猜想影中的故事了。

（三）具体的题目比抽象的题目好

抽象的题目引不起人的联想，所以具体的题目最受人欢迎（参阅上一章）。

（四）有趣味的题目比普通的题目好

人们阅读的目的之一是为了消遣，所以有趣味、带些幽默性的题目，容易受人欢迎。

（五）使题目和读者发生关系

人类最关心的是自己的事。如果能使题目所讲的是读者自己的事，那么效力必大。例如《美术的意义》不如《美术对你的意义》,《勉励自己》不如《勉励你自己》。

（六）美感新鲜的题目好

一篇生硬的论文，加一个生动而美丽的题目，可以增加不少的读者。

（七）小题目比大题目好

范围太大不容易捉摸。所以题目的范围要小。例如《青年的修养》就太大，不如《谦虚的涵养》好些；《游西湖记》就太大，不如《在放鹤亭上》好些。因为要写的东西太多，就不容易写好，把范围缩小，在详尽中便产生了较好的文字。

## 三、好题目巡礼

我们读名人的文章，同时也应当注意他们的标题。创造始于模仿，从一些好文章的题目上我们可以学会怎样自己拟个新鲜美妙的文题。

小品文的题目，大都是很短的，只寥寥几个字。例如巴金的《别》、冰心的《分》、郭沫若的《痛》、李守常的《今》，都是一个字；朱自清的《背影》、苏雪林的《收获》、鲁迅的《看戏》等都是两个字；丰子恺的《做父亲》、夏衍的《包身工》等是三个字。

近代散文、小品文的题目，以四个字、五个字的为最多。例如：

茅盾：《浴池速写》

韬奋：《分头努力》

沈从文：《辰州途中》

廖世承：《青年生活》

胡适：《最后一课》

林语堂：《做文与做人》

陶行知：《不如学阿尔》

金仲华:《求生的道路》

尤佳章:《消夏的科学》

我曾统计《新少年读本》《文章例话》《北新文选》,发现四个字、五个字的题目占全数百分之四十五之多。可见四五字的题目最为流行,读来也最流利。

说明文和议论文的题目字数,常比记叙文、描写文、抒情文等多些,有时在十字以上。例如蔡元培的《怎样才配称作现代学生》,饶上达的《打破思想界的四种迷信》,都是很长的。

下面是一些很好的题目,可以做我们的参考:

叶圣陶:《假如我有一个弟弟》

韬奋:《事非经过不知易》

夏丏尊:《整理好了的箱子》

毕云程:《怎样把自己毁了》

唐钺:《可惜太聪明了》

叶绍钧:《没有秋虫的地方》

翁文灏:《回头看与向前看》

董秋芳:《争自由的波浪》

金仲华:《求生的道路》

冰心:《一个不重要的军人》

## 四、中学生最喜欢的题目

我曾拟出一百个作文题目，印好分给学生，叫他们选出自己最喜欢写的十个。这一百个题目中包括描写文、说明文、议论文、抒情文、记事文、诗歌、小说等文体。调查高初中学生五千余人，统计和研究的时间占去一年教学生活的空暇，得到下面的结果：

（说明：下面有作文题目九十五个，请你从其中选出十个你最喜欢的题目，把这些题的数目，写在另一张纸上。）

（一）最开心的一件事

（二）中学生应有的态度

（三）大家庭和小家庭的利害

（四）上海的早晨

（五）月夜思母

（六）我的住所

（七）儿童节的意义

（八）论互助

（九）一个小贩

（一〇）病中

（一一）我的生活史的一页

（一二）先生和学生

（一三）我所最憎恶的一件事

（一四）农村杂写

（一五）离家的那日

（一六）日记一束

（一七）为什么读书

（一八）我对国文课的意见

（一九）课室杂记

（二〇）告别友人

（二一）春假游记

（二二）我的读书经验

（二三）能干

（二四）我自己的素描

（二五）我的母亲

（二六）冬假乐趣

（二七）贺友人结婚的信

（二八）聪明与奋斗

（二九）公园写景

（三〇）我的外婆

（三一）家庭琐记

（三二）怎样做个好学生

（三三）对于本校的建议

（三四）夕阳（诗）

（三五）梦中泪痕

（三六）我的课外作业

（三七）怎样利用假期

（三八）绿衣人

（三九）中学是否应当男女同学

（四〇）忆旧友

（四一）读书杂记

（四二）时钟的价值

（四三）送毕业同学演说词

（四四）雨夜

（四五）忘不了的一位先生

（四六）记我家一件不幸的事

（四七）说工作之乐

（四八）扫墓的我见

（四九）人力车夫

（五〇）永别了弟弟

（五一）我的故事

（五二）成功与失败

（五三）一幅美丽的图画

（五四）我对电车夫揩油的批评

（五五）枕上

（五六）我的小传

（五七）我的娱乐生活

（五八）对增加学费的我见

（五九）我的小弟弟

（六〇）柳絮

（六一）观农人割麦

（六二）我的理想职业

（六三）青年应否有宗教

（六四）街头巷尾

（六五）残菊

（六六）中秋节乐趣

（六七）我的一年计划

（六八）课外阅读的重要

（六九）衖堂[①]小景

（七〇）春愁

（七一）新年杂记

（七二）我的愿望

（七三）早睡与早起

（七四）晚间宴客

（七五）秋日杂感

（七六）端午节的热闹

（七七）我的前途

（七八）华北灾荒劝捐的信

（七九）新嫁娘

（八〇）笼中鸟

（八一）双十节记事

（八二）我的人生观

（八三）道德和学孰要

（八四）我的家庭

---

① 衖（xiàng）堂：意思是小巷。衖：古同“巷”。

（八五）一个孤女的自述

（八六）报告学校状况的信

（八七）留声机

（八八）真美善论

（八九）插秧

（九〇）没有母亲的人

（九一）我的老佣人

（九二）学生和社会的关系

（九三）妇女应有的地位

（九四）园中花木

（九五）祭亡兄（或姊弟妹）

| 文体 | 初中 | 高中 | 总计（依百分计） |
|---|---|---|---|
| 记叙文 | 16.7 | 12.5 | 15.6 |
| 说明文 | 15.9 | 19.7 | 16.8 |
| 议论文 | 13.9 | 28.3 | 17.3 |
| 描写文 | 27.5 | 17.5 | 25.1 |
| 抒情文 | 26.0 | 22.0 | 25.2 |

初中学生最喜欢写描写文和抒情文，高中学生最喜欢写议论文。初中、高中总起来看，他们最喜欢的是描写文的题目和抒情文的题目。下面是中学生最喜欢的十个题目：

（一）上海的早晨

（二）雨夜

（三）一个小贩

（四）我的母亲

（五）忆旧友

（六）春假游记

（七）没有母亲的人

（八）成功与失败

（九）忘不了的一位先生

（十）月夜思母

从这个研究我得到以下的结论：

（一）各个题目都有人选为自己最喜欢的题目，可见中学生的兴趣是多方面的，其中个别差异很大，无怪教师命题不能适合每个学生了。

（二）学生喜欢的题目与年龄有关。年少的多喜欢《我的弟弟》《我的母亲》《一个小贩》一类的题目，年龄大的喜欢《论工作之乐》《我的人生观》一类的题目。

（三）学生最喜欢写自己有经验的题目。如《上海的早晨》《春假游记》《中秋节乐趣》等。这些事他们知道得最为详细，所以有话可说。

（四）中学生很喜欢写描写文，如《街堂小景》《公园杂记》《上海的早晨》等。也许这事与国文课本有关，因为初中一二年级的国文教材，大多数是描写文和记叙文。

（五）中学生对抒情文很有兴趣。如《忘不了的一位先生》《月夜思母》《忆旧友》《没有母亲的人》等。青年时期富有情感，他们的眼泪比年长的人多些。

（六）初中学生不喜欢议论文，高中学生却是最喜欢的。

（七）抽象的题目选的人极少，如《我的人生观》《真美善论》等。

（八）与节令有关的题目比较令中学生有兴趣些。

（九）选题受已经写作过的文题影响颇大。

（十）中学生喜欢的题目，男女的差别很小。但只有女生对关于妇女的题目的兴趣比较高些。

## 五、几条实用的原则

教育心理学家克洛弗曾列出五条拟题的原则，是很实用的，兹介绍如下：

（一）选择你最喜欢的题目。

（二）选择你知道得最详细、最清楚的题目。

（三）若是写作指定的题目，先寻找与该题有关的材料。

（四）选择你以为读者必定喜欢的题目。

（五）写下一些可能的题目，然后从中选择一个最适合的来写作。

# 三十一　文章的建筑图样

## 一、拟定写作大纲

写文章要像建筑楼房一样，先有一幅完美的建筑图样，然后照着这个图样开始工作，才有巍峨壮丽的屋宇建筑出来。

文章的建筑图样，就是写作大纲。这个大纲好像建筑楼房时的水泥钢骨的架子。楼的骨架先支好了，然后以砖石砌墙，安上门窗，再粉饰以油漆，楼房自然会又完整又美丽。

有一位先生教学生写作文，问学生说：“你们写作文是先想好然后写呢，还是先写了然后想呢？是一面写一面想呢，还是一面想一面写呢？”

于是，有一个学生回答说：“我是先想好了然后写。”

“先想好了”就是先拟定了文章的建筑图样。“先想好了然后写”才是作文的正常方法。

文章的建筑图样，就是写作人有一个中心思想，然后依照这个中心思想按照程序发挥出来。这个发挥的法子，古人叫作“布局”，今人叫作“结构”。

做文章的人，应该先把结构想好，然后再提起笔来写。

结构的意义，就是组织。我们仔细想想，生活里许多事都是有组织的，例如全国分若干省，一省分若干县，一县又分若干乡镇；一年分四季，一季分三月，每月三十日，每日二十四小时，每小时六十分，每分六十秒，周而复始，有条不紊[①]；军队里有师、团、营、连、队、伍的编排。社会上因为有严密的组织，所以一切的事能够顺序进行，否则就紊乱得不堪设想了。作文也是如此，必定先有组织，否则就杂乱无章了。

写文章的第一步就是寻找适当的材料，第二步就是把这些材料组织起来。

## 二、怎样组织文章的材料

为什么要把文章的材料加以组织呢？

第一，我们的思想是很紊乱的，很重复的，必须加以

---

① 有条不紊（wěn）：形容说话、做事有条理，一点不乱。

整理和裁剪，才有次序。

第二，将材料加以整理和组织，才知道何处缺少，加以补充；何处过多，加以裁剪。

第三，组织完善的文字，使读者一目了然、不费周折便能明白作文的意思，否则读者便会惝怳[①]迷离，莫知所云。

第四，将大纲写好之后，便于写作。好像走路有了路线，不必东窜西撞，浪费时间和精力。

刘勰说："章总一义，须意穷而成体……体必鳞次。"(《文心雕龙·章句篇》) 这里的"体必鳞次"就是说文章必须有一定的层次，不可混乱。要有层次，必先有组织；要有组织，必先有大纲。这是写文章不可缺少的工夫。

文章的结构有无形组织和有形组织两种。

无形的组织，就是所说的"腹稿"。许多人写文章之前，并不写大纲，但是文章写成总是有条不紊。这是因为他们先在腹中做了无形的纲要。腹稿一旦成了，执笔直书，"则一篇成矣"。

有形的组织，就是在一张纸上先拟就一个大纲。写文的大纲要详细而周密，段落要清楚。有了这样的一个

① 惝怳（chǎnghuǎng）：亦作惝恍，模糊、恍惚的意思。怳，古同"恍"。

大纲之后，你的写作的一半，便已经完成了。例如本章《文章的建筑图样》在动笔以前，我便先拟了下面的一个大纲：

（一）导言

（1）写文章和建筑楼房的比喻

（2）先想好了要引的故事

（二）结构的意义——组织

（1）国家组织的比喻

（2）时间组织的比喻

（3）写文章第一步找材料，第二步组织找材料

（三）为什么要把材料加以组织呢？

（1）因为思想是杂乱无章的

（2）组织之后能知道增加裁剪之处

（3）组织之后便于写作

（4）有组织的文字容易了解

（四）写作的两种组织

（1）无形的组织——腹稿

（2）有形的组织——大纲（以本文章大纲为例）

（五）组织的方法

（1）扩展——由小而大

（2）剪裁——由大而小

（3）排次——（甲）渐进法，（乙）起伏法

（六）文章的组织应当注意的三件事

（1）统一

（2）平均

（3）联络

（七）结语

有了这样的一个纲要，便可以顺序写作了，可以避免重复、紊乱和随想随写所发生的许多困难。

怎样把已有的材料加以组织呢？这个问题可分为下列三点：

（一）扩展

有些题目范围很小，没有多少材料可写。要写得好，必须将题目仔细分析，详细观察，好像用一个桃核刻一个“苏子游赤壁”的风景一样的细微。例如《一个同学的笔下肖像》，这个题目的材料不过只一个面庞，你必须前后、左右、上下仔细地观察刻画，才能写得逼真。否则草草成文，必定空洞乏味。

（二）剪裁

有些题目材料过多，如果都采用进来，不但无味，反而夺去读者的注意中心，所以必须用大刀阔斧，加以剪裁。去掉无用的材料，把有用的留下。例如《记胜利年的国庆日》一题，如果把那天所看见、所听见的事，都一一记下来，恐怕可以写成一本巨著。其实不需要事事都记下来的，只要把你认为最有意义的几件事记下来就够了。

（三）排次

有些材料需要排列起来，排列的前后次序，对于读者有不同的影响。

最有效的排法，有下列两种：

（1）渐入佳境法。把最好的意思列在第一，最差的列在第二，然后依次渐好，可以使读者越读觉得文章越好，产生津津有味的感觉。

A—1

E—2

D—3

C—4

B—5

（2）一起一伏法。把好的意思和差的意思相间排列，也能维持读者的兴趣。

A—1

B—2

A—3

B—4

A—5

写文章最怕“一段不如一段”，这样读者读到末了，把前面的好意思也一起忘记，而说是“无病呻吟”了。

在文章的组织上，除了要注意上面三种方法以外，还要注意三个原则：

（一）统一

统一就是前后一致的意思。文章的组织要全篇统一，前后的思想、文体和笔调，要始终保持着一贯，不可分歧凌乱、前后悖反，自相矛盾。

有人说：“自然风景之所以美，就是美在统一。每一枚树叶，数十枝脉络都凑集在一根主脉上；每一株树，数十百枝柯[①]都集中在本干上；山中的小溪，流水溅溅，都汇到谷底的涧中；凌乱的山峰，似乎并无秩序，但予以仔细

① 枝柯：意思是枝条，比喻次要的事物。

考察，也可以发现这山脉的主脉所在。可知自然界中的景物，都是很有统一性的。”

写文章也要这样，要百变不离中心思想，如百川汇海，脉脉皆通才好。

除了思想的统一之外，也要注意文字的统一和体裁的统一。不能前篇文言，后篇白话；前半清丽如“晓风残月”，后半雄壮如“大江东去”。

（二）平均

平均的意思就是文章的各部分要匀称。各部分的轻重要予以适当的分量。

造物的妙手，把宇宙间美丽的东西都造得很匀称。我们的身体是匀称的代表，两手两足，双耳双目，从头顶到脚跟，左右完全相等。写文章也当如此匀称，如果左重右轻，或是虎头蛇尾，便会使读者感到不愉快。中国著名文人韩愈的《送孟东野序》和苏轼的《潮州韩文公庙碑》虽然都是绝世妙文，后人尚且讥笑为“龙头蛇尾”，因为这两篇文章的开始和结尾极不相称。

一个人如果头大身小，便是畸形；一个农夫若是穿着西装耕田，便是笑话。一篇文章的不匀称也是同样的可笑。

（三）联络

文章的联络就是句和句、段和段，彼此呼应，前后衔接。如果前后不连贯，忽东忽西，上气不接下气，那便是有毛病的文章。

**结语：**文章的组织大纲，好像建筑楼房的钢骨架，又好像一个建筑物的图样。这种图样和架子就决定了楼房的式样，也是建筑的依据。如果一篇文章的组织是凌乱、颠倒、割裂、分散的，那一定是失败的。所以在开始写作时，先要详密地思考一番，写出一个周密的大纲，在统一（unity）、平均（proportion）、联络（coherence）三个原则下，再正式下笔。

# 三十二　最难写的一句话

## 一、起头难

中学生写作文最感到困难的是开头几句。教师把题目写出之后，课室里的百态是极有趣的：有的把笔含在嘴里，仰头看着天花板；有的用笔在桌上敲得笃笃地响；有的却拿砚台来出气。或者抓头挖耳、摸嘴探鼻，或者咬着笔杆，或者皱着眉头，都表现出一种心思不定的样子。

作文的第一句，难住了多少聪明的学生。难得没法，就搬出老调子“光阴似箭，日月如梭，转瞬间……”或是“人生于世……”“蔚蓝的天空”“光阴如流水般过去……”不然就是粗制滥造，写得与题目相差极远。

作文写不出第一句，有时固然由于缺乏材料，无话可说；但也有时是因为要说的话太多了，不知从何说起，或者是满腔的心思，却不知如何表现。正像走进五光十色的百货商店，花样太多，倒有些眼花起来，不知道选择哪一种货色的好。刘勰在《文心雕龙·神思篇》里也有同样的意思，他说：

> 夫神思方运，万途竞萌，规矩虚位，刻镂无形。登山则情满于山，观海则意溢于海，我才之多少，将与风云并驱矣。方其搦翰[①]，气倍辞前，暨[②]乎篇成，半折心始。何则？意翻空而易奇，言征实而难巧也。

意思就是，我们常是在写文章之前，仿佛意思很多，但是到了写的时候，又觉得没有意思可写了。

文章开头的几句，的确是很难的，连古今著名的文人也尝过屡修屡改屡不满的经历。据说欧阳修作《醉翁亭记》，初起稿时将滁州四面的山一一加以描写，但不自安。修改十数次，最后改为“环滁皆山也”，才连写下去，文气充足，连用了二十一个助词“也”字。

彼拉多写《共和篇》第一句，写了几种不同的格式，然后才获得满意。

苏东坡作《湖州韩文公庙碑》，苦于不得首句，屡改

① 搦翰（nuòhàn）：持笔。
② 暨（jì）：及，等到。

其稿凡[①]百十次，几至掷笔。后来忽得“匹夫面为百世师，一言而为天下法”，以后便势如破竹，一气呵成。

作文第一句难写的另一个原因是，我们的思想因为先前的方向，还没有能集中在这个题目上，力量分散，所以没有满意的佳句。及至思想集中（mental set），全力以应付此题，那么不但第一句可以满意地写出，连下文也滔滔不绝地顺着笔尖流露出来了，这种情形，普通称为“思路”。只要路通了，思想便源源而来。

## 二、第一句的重要

文章的第一句虽然难作，但是却非常重要。“作文的开头，犹如画家作画时的第一笔。此第一笔即将画之全部决定矣。”王安石文章的妙处，全在首数句；吕祖谦作《东莱博议》，发端一二句最用功夫。一般读者往往因着第一句的好丑，来决定该文有无阅读的价值。清朝科举时，监考官只阅首七句，就决定作者是否录取。应用心理学者克伦（George W. Craue）论著述的心理说：“当著述者开始书写作品的时候，他常在开始几段中调节适当。”

---

① 凡：共。

有经验的作者都知道“第一印象”（first impression）的重要。所以绝不把最先数行的文字和思想轻忽、粗制滥造，以便借此捉住读者的兴趣。

明白第一印象的求业者，第一次去和聘请的人谈话，应当穿着最整洁的衣服，摆出文雅的姿态，把要说的话事先预备妥当，怎样进去怎样出来，这些事都会给聘请人留下一个不可磨灭的印象。教师初到一个学校，要把功课预备得特别纯熟，第一课所讲的话，特别新颖动人，谈吐的声调，特别清楚悦耳，这样你便能得到学生们大部分的敬佩了。以后的表现虽然差些，他们也会说你是一位可敬佩的先生。

恋爱的人中有许多是一见倾心，或是第一次印象不忘，后来才追逐相爱的。

商人都是把最好的货色陈列在外面。里面的房子不妨是中国的古式矮房，外面却建筑得巍巍峨峨，是十足的欧美式样。

银行的楼房，向来比任何机关的建筑都要考究，并非因为银行是有钱的职业，原因是银行的经理都知道雄壮富丽的银行，可以使人一看就发生相信之心，甘愿把款子存到这里。

许多作家都因为第一部作品得名，后来的作品虽然差些，读者也都欢迎。美国文人赛珍珠的《大地》出版，颇获盛誉。其后出版的《爱国者》等书，虽有不及，却因《大地》的名声而仍有极好的销路。许多人都明白“不鸣则已，一鸣惊人”的利益。

文章首句既然如此重要，那么，怎样的开端最受人欢迎呢？这个问题的回答和“引人兴趣的题目”相同。最要紧的是：

（一）引人入胜，使读者感到后文的神秘，自然要读下去了。

（二）引起读者的怀疑，所以读后文以求解答。

（三）引起读者的美感。

## 三、怎样开始

如果说文章的题目犹如人的面貌，那么文章的第一句就好像人的衣服和装饰。有美丽的衣饰和入时的装饰，可以增加人的美貌，招惹人的青睐。我们怎样开始写第一句呢？这个问题自然没有绝对的答案，不过从许多文章中可以得到一些参考，如下：

（一）以别人的话和往事开始

（1）章锡琛《职业与趣味》：“俗语说：吃一行，怨一行。”

（2）鲁迅《最先与最后》：“韩非子说赛马的妙法，在于‘不为最先，不耻最后’。这虽是从我们这样外行的人看起来，也觉得很有道理。”

（3）饶上达《打破思想界的四种迷信》：“我曾听见一个人说：中国目前的学术界不但谈不上‘科学’二字，就是‘思想’两字，也很难承受不愧。”

引用别人的话，或借往事开头，应当注意所引用的话必须恰合题目，借此以打通思路，是一个又便利又有效的开山之斧。这种方法适用于任何体裁的文章。

（二）以问题开始

（1）刘薰宇《求学和致用》：“人为什么要求学？这个问题的回答向来有两派……”

（2）胡适《差不多先生传》：“你知道中国最有

名的人是谁？”

（3）王光祈《工作与人生》：

“什么是工作？”

“为什么要工作？”

“工作的定义就是以自己的劳力做成有益于人的事业。”

（4）《修养与事业》：“绝对靠得住的是谁？这个问题似乎很难得到一个绝对的答复……”

文章用问题开始，多用于说明文和议论文。如果运用得法，借着问题，引起读者的疑问和求知的欲望，他们定会欣欣然地捧读你的大作。

（三）以描写句开始

（1）茅盾《雷雨前》：“清早起来，就走到那座小石桥上，摸一摸桥石，竟像还带点热。”

（2）丰子恺《做父亲》：“楼窗下的弄里，远远地传来一片声音，‘咿哟，咿哟……’渐近渐响起来。”

（3）茅盾《浴池速写》：“沿浴池的水面，浮出五个人头。”

（4）沈从文《辰州途中》：“小船去[①]辰州还约三十里，两岸山头已较小，不再壁立拔峰，渐渐成为堆堆黛色与绿色相隔间的丘阜[②]。

以描写句开始的文章，多半是描写文、记叙文和抒情文。第一句的描写必须更加逼真，景中含情更好。

（四）以生活中的琐事开始

（1）叶圣陶《假如我有一个弟弟》：“假如我有一个弟弟，他在中学校毕业了，我想对他说以下这些话。”

（2）谢六逸《家》：“远道的友人来信说，不久要把家搬到上海。”

（3）郭沫若《痈[③]》：“十年前在胸部右侧生了一个小疖子，没有十分介意。”

---

① 去：相距。多用在文言文表达中。

② 丘阜（fù）：山丘。

③ 痈（yōng）：一种皮肤和皮下组织的化脓性炎症。较小症状称为疖（jiē），较严重的称为痈。

（4）须林娜《文明的曙光》："那时我还是一个没有到九岁的孩子，一天早晨在我家所住的山峰上散步。"

文章从生活中的琐碎事谈起的，为数很多。许多小品文、说明文都是用的这种写法。作者借一件小事打开思路，后文便把要说的真话道出，或者讲篇比较深的道理。

例如，叶圣陶在《假如我有一个弟弟》的后文说明了中学生的三条出路；谢六逸在"远道的友人来信说，不久要把家搬到上海"的后文，是劝告青年在事业没有成功之前，自己不宜有一个小小的家；郭沫若在"十年前在胸部右侧生了一个小疖子"的后文，借白血球因与病菌抵抗而死化成脓，说明中国人的白血球依然是有抵抗外敌的本领的！

其余例子类似这种文体的，写得合法，便极有力量，借着前面轻松的描写，比衬出后面的至理名言，文势特别雄壮动人。

## （五）以破题句开始

（1）胡愈之《青年的憧憬》：“青年所需要的是憧憬。”

（2）廖世承《青年生活》：“世界上最宝贵的是生命，生命中最宝贵的一个阶段是青春时期。”

（3）黄忏华《工学主义》：“工学主义，就是把做工和求学打成一片，同时举行，同等看待。”

（4）魏志澄《战争与和平》：“战争是可怕的，和平是可爱的。”

（5）夏丏尊《希望与顾虑》：“对于成人青年有两种反对的心情：一种是对青年抱希望，一种是替青年顾虑。”

这种文章，开头第一句就把题目说破，将本文主要的意思，明白地告诉读者，然后再详细分述，或者逐条证明，有“开门见山”的功效。在伦理学中，这种方式叫作演释法[①]，是写短小精悍的文章的妙法。读者看了第一句就不忍释手，定要知道其理由。

① 演释法：即演绎法。

在中国古文里，韩愈写《送孟东野序》，第一句说“大凡物不得其平则鸣”，把全篇大意道出，然后逐步证明，也是此法的变形，可以说是演释法的妙笔。而欧阳修作《秋声赋》，开头是“欧阳子方夜读书，闻有声自西南来者”，非常清爽，是以生活中的琐事开始，随后说了一篇人生的秘奥，可为归纳法的代表。这两种方法，一是先严肃后轻松，二是先轻松后严肃，都是文人的手笔，有很大的效力。

（六）以奇异的笔调开始

（1）林语堂《做文与做人》：“做文可，做人亦可，做文人不可！”

（2）高士其《寄给肺痨贫苦大众的一封信》：“肺痨是人人都有的。”

（3）梁启超《人生目的何在》：“呜呼！可怜！世人尔许忙！忙个什么？所谓何来？”

（4）李石岑《工作》：“一个八十岁带疯势的老妇，忽然从楼上跌下。”

这许多的开始语句，都是惊人听闻的，使读者不知其中有何奥秘，引起他们的好奇心，于是他们便乐于读下去了。用这种语法，必须有相当的技巧方可，否则容易弄巧成拙，反而减少了效力。

### 四、怎样收束你的文章

作文的收束和开头是一样重要的，如果有一个精彩的末句，便可以给读者一个不灭的“最后印象”（last impression），趣味不尽。像骆宾王《为徐敬业讨武曌檄》，最后一句说：“请看今日之域中，竟是谁家之天下？”读之快人心意。欧阳修《秋声赋》在论人生哲理之后突然收束说：“但闻四壁虫声唧唧，如助予之叹息。”读之令人如何轻快！这都是结束的妙笔。

据说王实甫写《西厢记》至最后数句：“碧云天，黄花地，西风紧，北雁南飞。”自己非常得意，竟快乐得晕过去，一命呜呼了。

金圣叹批《西厢记》，对后人补写之四章很不满意，预备不批，但读到最末一句：“愿天下有情人，尽成眷属。”十分叹服，因此保留该书补写之四章。

普通作文的结尾，多是复述前意，做结论，常用“总而言之”“总观上言”“总之”等语。至于描写文、记叙文和抒情文就没有一定了。

# 三十三　有意思写不出来

## 一、表现是不容易的

作文和说话一样，有时不能把心里的意思完全表达出来，或是表达得不清楚，这是人生的一大苦痛。常听见小孩子对母亲说："妈！我要一个……"一个什么，幼稚的孩子表达不出来。

"你要什么？"妈妈急着问。

"我要一个吹吹会呜呜叫的东西。街上有人卖。"

那时母亲立刻知道她的孩子要的是一个小喇叭，但是在小孩子的心里有喇叭的意思，却叫不出名字。

写作文有时候也是这样，作者不能把自己的意思清楚地表现出来。在翻译的时候，译者往往也有这种经验，原文的意思他是知道的，但是不能用汉文清楚地译出。所以严复说："在翻译的时候，往往一字的斟酌，费时数日。"可见"表现"（expression）的不容易了。

写作的人，都有这样的经验：在未动笔以前，好像有许多意思，不绝地涌来，但是要动笔时，却写不出什么了。这也是因为缺乏表现的能力。

我的一个小孩子很喜欢讲话，在学校里所看见、所听到的事，常常回家来详细地告诉一番，我看他很“健谈”。有一次我叫他写一封信给远方的姨母，他写了几句，就结束了，说是“无话可说”。

我告诉他：“假设你今天从上海回到家乡，见了你的姨母，把上海的热闹、汽车、电车、大楼、电影、花园……一样一样地告诉姨母，只恐三天三夜也说不完，怎么写信就‘无话可说’了呢？”

小孩子说：“看见姨母，可以说出来，但是写信却写不出来。”

初学作文的人往往如此，不能把意思清楚地表现在纸上，像口里讲话那样。

怎样可以把自己的意思表现出来？怎样可以使作文像说话那样能够表达意思？下面的几点应当注意。

## 二、扩大语汇

意思的表现，完全靠文字的运用，要表现得清楚，必须有足够的语汇。正像小孩子向他母亲索要一个“吹吹会呜呜叫”的东西时，如果知道那东西叫“小喇叭”，他的意思就表达得既清楚又迅速了。

中文的语汇和辞藻特别丰富。一个“早晨”，有清晨、黎明、破晓、曙等表现；同是“差不多”，有几乎、将近、类、约莫、仿佛等表现；同是“很”的意思，有极其、十分、特别、特殊、拼命、加倍、超然、深深、远、大大的等表现法。如果你只知道一个，那么你的文意就疲弱，辞藻就枯干了。并且社会一天天地在进步，有许多新的词句在创造、演变与复化，我们应当尽量吸收这些新的语汇而加以运用，那么你的表现能力便会一天一天地完美起来了。

世界上著名文学家的语汇都极丰富：莎士比亚所用的字有一万二千个；普希金有一万个；莫里哀有七千个。创作的成功，绝不是完全靠灵感的，如果没有足够的语汇，绝不能写得那样的灵活。

要扩大语汇有四种方法：

（一）留意民众的口头用语

流利的文字和口语相仿，艰涩的作品，绝不能列为上流，所以写作当从口语中吸收常用的语汇，以增进表现的能力。

（二）多读新出版的书报

在新出版的书报中含蓄着许多灵活的、美丽的语汇，在阅读的时候，便会渗入我们的思想中，等写作时做自己的表现工具。

（三）使用词典

在阅读时有不明白的用语常查阅词典，明了其意义，准备写作时的应用。

（四）随时笔录

偶然听到有趣的词句，或者阅读时看到精妙的表现法，可以随时笔录下来以备应用。

例如我前天偶然听到一位朋友读一句英文成语，颇有领悟，那成语是：One's heart leaps into one's mouth。直译出来是“一个人的心跳进口里来了”，意思是“大吃一惊”。这种表现惊吓的语句，却极微妙。

因此我一时兴致勃发，再翻阅那本词典，得到下面这些表现得很好的句子：

Lead by the nose（盲从）

Nodding friend（浅交）

Castle in the air（虚无）

Before we speak another word（立即）

Easy person（乐观者）

Milk for babies（简易理论）

To kiss the mother earth（跌倒）

To look for a needle in the bottom of the sea（徒劳无益）

## 三、练习翻译

英文汉译的练习，很能增进作文表现的能力。有许多时候，一句英文的意思完全懂得，但是要译成一句流利的中文就感到困难，这就是因为缺乏表现的能力。若能够常常做这种翻译的练习，对于作文会有很大的帮助。

一次，一家保险公司要做广告，托我把几个英文成语译成中文，我费了极大的斟酌，才得到以下的成就：

Time is money.（时间即是金钱。）

Insurance save time and money.（保险既省时间，

又省金钱。)

又有一次，我写下几句英文做一个团体中会友们的鼓励，大家都以为很好，要我把它译成中文，我费了极大的心血，仍未译成，那英文句如下：

Where is no work, there is no life;

Where is no life, there is no growth;

Work gives life, life gives growth;

If you want your life to grow, you have to work, work, and work!

假如把它勉强照字而译成：

没有工作，就没有生命；

没有生命，就没有活力；

所以工作产生生命，生命产生活力；

如果你愿生命有活力；

你就必须工作，工作，工作！

这样的字句，好像比原文减色不少，就是因为我的中文表现能力差。

## 四、比衬[①]

抽象的概念最难领会。我们最喜欢的是具体的东西，因为我们天天所见所闻、所接触的都是具体的东西。明白了这个道理，就能把写不出来的抽象意思，用具体的东西比衬出来。比如，我看见一个人的头很“大”，这个头到底多么大，很不容易写出来，在文学上又不能用软尺去量那头的周围是几尺几寸，那么表现这个“头大”的方法便可以用比衬的方法，说“我看见一个人的头很大，大得像一只天津西瓜”，这样一来就清楚地表现出来了。

最难写的是我们的感觉。比方说我的爱友死了，我心里很难过，这种滋味怎样来表现呢？只好用比衬的方法，说“我心里难过得像火烧一般”或者说“我的心痛得像刀割”。别人读了便容易领会你是怎样的痛苦了。

声音也是很难表现的，如果你参加一次音乐会后，要写一篇记叙文，比参观一个展览会后要写一篇记叙文要难

① 比衬：对比衬托，广义来说，相当于我们现在常用的比喻、比拟等修辞手法。

数十倍。原因是形态比声音容易表现。欧阳修的《秋声赋》是很好的例子，它用具体的东西比衬抽象的声音。

欧阳子方夜读书，闻有声自西南来者，悚然而听之，曰："异哉！"初淅沥以萧飒，忽奔腾而澎湃，如波涛夜惊，风雨骤至。其触于物也，鏦鏦铮铮，金铁皆鸣；又如赴敌之兵，衔枚疾走，不闻号令，但闻人马之行声。

在这一段里，欧阳修描写秋声，所用的比衬有波涛、有风雨、有金铁、有行兵。所以我们读了，耳朵里似乎也听到这一片秋声了。

白居易的《琵琶行》，也是写声的妙文：

大弦嘈嘈如急雨，小弦切切如私语，嘈嘈切切错杂弹，大珠小珠落玉盘。间关莺语花底滑，幽咽泉流水下难。冰泉冷涩弦凝绝，凝绝不通声暂歇。别有幽愁暗恨生，此时无声胜有声，银瓶乍破水浆迸，铁骑突出刀枪鸣。

他描写声音所用的比衬有：急雨、私语、玉珠、莺语、泉水、银瓶乍破、水浆迸裂、刀枪、铁骑等，所以我们读了，耳中似闻见阵高阵低、阵急阵慢的琵琶声。

作者有时全篇用比衬的文字，如柳宗元的《捕蛇者说》《种树郭橐驼传》等文就是。这种文体使人读了印象更深，更容易有所触动。

文章要写得生动清楚，表现活泼，应当用此原理做更容易的、具体的比衬。

## 五、例证

作文有话说不出来，有时是说了一句两句之后才感到这种苦痛，这种苦痛并不是由于有意思说不出来——其实作者的主要意思在一二句话之后已经说出了，困难的是“不能发挥”，在这种情形之下，最好的方法是用例证。

例证的意思，就是把你的思想，用实在的事来证明，使它更清楚、更可信，这种例子在《战国策》[①]里很多，下面的故事是大家熟知的：

① 《战国策》：是一部国别体史书。主要记述了战国时期的纵横家的政治主张和策略，展示了战国时代的历史特点和社会风貌，是研究战国历史的重要典籍。

当颜斶[①]和齐宣王冲突起来的时候，齐王摆出天子穆穆[②]的架子，愤然大怒，把桌子一拍，打着十足的官话：“王者贵乎？士贵乎？”

颜斶立刻对曰：“士贵耳！王者不贵！”

齐王接着问：“有说乎？”

颜斶毫不胆怯地说：“有！”

于是颜斶口讲指画地说出一个事实，证明他的主张：

“昔者秦攻齐，令曰：‘有敢去柳下季垄[③]五十步而樵采者，死不赦。’令曰：‘有能得齐王头者，封万户侯，赐金千镒[④]。’由是观之，生王之头，曾不若死士之垄也。”

这一个例证，使齐王闭口无言。

例证之法是写议论文字最好的工具，空头理论不能使人心服，实在的例证，才可获得人心。

---

① 颜斶（chù）：古人名。

② 天子穆穆：天子严肃静穆地进行祭祀。

③ 去：距离。柳下季：即柳下惠，鲁国贤人，姬姓，展氏，名获，字季禽，居于柳下。垄：指坟墓。

④ 镒（yì）：古代重量单位，一镒合二十两。

如果所举的例证在两个以上，那么排列的次序，对于文字的效力亦有关系，最有效的次序有两种排列法：（一）渐进法，（二）起伏法。

### 六、表现的艺术

同是一个意思，甲说出写出之后，十分美妙动人，使人听了读了有深刻的印象；乙说出或是写出的便模糊不清。所以说表现是一种艺术，需要新颖的创造和想象力。

美国有一位作家，观察男女青年在相爱的期间，男的追求女友，常是尾随在她的身边，因而这位作家表现男子追求女友用了一个新字叫“dogs her”，微妙之极。

在一篇游记里，记叙罗马城里圣彼得教堂的宽阔广大说：“那时……全堂的椅子全撤除掉，剩出那一片广阔的厅堂，令我有在里面赛小汽车的愿望。”末了的这一句，十足地表现出该教堂如何的广大。

世界名作家，有许多惊人的表现，下面就是：

（一）她有一条可以剪齐园篱小树的舌头。

——Somer vill and Martin Poos

（二）跟狗尾一样的善于辞令。——H.G.Wellr

（三）跟镜子一样的没有记忆力。——R.Gillmore

（四）跟时钟一滴一笃那样的接近。——Mc Hugh

（五）黑夜把黄昏的帷幕扯下来，用一颗星钉住。——G. L.Hill

（六）萤火虫在黑影上划火柴。——C.F.More

（七）沉静得可以听见蜘蛛在织网。——Katherine Mansfield

（八）跟小狗狂吠一样的勇敢。——D.Yates

（九）像剥了皮的香蕉一样的裸露。——C.E.Coe

（十）山峰已经把太阳咬了一口，不久便把它吞下去了。——M.Chapman

中国文学史上有一件趣事，很可做表现的例子。

据说宋时苏小妹出一对词，各空一字，请她的哥哥苏东坡填写。原词如下：

轻风__细柳，

淡月__梅花。

苏东坡填的是：

轻风摇细柳，
淡月映梅花。

苏小妹以为不妙，她自己提笔写出：

轻风扶细柳，
淡月失梅花。

小妹句的表现，比东坡句美妙逼真得多了。

# 三十四　文章的修改

文章的写作有三个阶段：第一个阶段是写作以前的准备，就是材料的搜集、思想的剪裁、经验和观察等；第二个阶段是写作的技巧，就是文章的结构、开始和结尾、表现的生动等；第三个阶段是写成之后的修改，务使文章中不妥之处，达到完美的地步。许多人，尤其是学生们急速地写成之后，以为工作完毕，其实文章的得力，往往在写成之后的修改上。正像一件木器造成之后，要用砂纸打光，外加油漆一样。又像一把铁刀冶[①]成，再加磨砺，使之又光又利。有写作能力，不加修饰，往往容易使你的作品陷入粗制滥造的危险中。

世界著名的文人，都在文章的修改上下极大的功夫。宋代文豪欧阳修是中国有数的文人之一，他在文学史上的地位是“自汉以来，百余年，始得一韩愈；自愈以来，三百余年，始得一欧阳修”。而欧阳修之所以如此能文，

① 冶（yě）：熔炼金属。

得力于他的精心构思。他曾说，作文要“多商量”，这就是精心构思的意思。所以他自己作文，写成以后，常“揭于壁间，朝夕改之”。当他写《昼锦堂记》的时候，文已写好送给人家。第二天，他又差人去索回原稿，将首两句“仕宦至将相，富贵归故乡”改为“仕宦而至将相，富贵而归故乡”。这种一丝不苟的作文态度，是值得我们效法敬佩的。

叶梦得在《石林燕语》一书中，记载欧阳修修改文章的故事说：“欧阳文忠公晚年取生平所为文，自编次之，即今所谓《居士集》者，往往一遍至数十遍，有累日考取不能决者。一夕大寒，烛下至夜分，薛夫人从旁语曰：‘寒甚，当早睡，胡不自爱？此己所作，安用再三阅，宁畏先生嗔耶？’公笑曰：‘吾正畏先生嗔耳。’”

外国作家也同中国文人一样注意修改。最著名的是俄国文人托尔斯泰写《战争与和平》一书，曾改至七次之多。文稿已经送出，还写信去通知修改几个不当的字。女作家赫斯特一句话有时改至五十次至百次之多。佛洛作《波华里夫人》时曾说：“作了四个钟头，没有做出一句；今天一天没有写成一个句子，却删去百行。”“删去了百行”就是修改磨砺，将生硬破碎的地方删去了，使留下的可以光滑通顺。

作文除了自己精心的修改以外，有时自己也看不出缺点的所在，所谓“当局者迷，旁观者清”。必须多和别人商量，请求代为修正，免得文字的缺点被自己的信心蒙蔽了。前面曾提到过的郑谷改齐己的《早梅》诗、李秦伯改范希文的《严先生祠堂记》等都是好例。我们要记住，作文进步的妙法之一便是把文章写成之后，先给“文友”一谈，请他修正其中可以斟酌之处。

“吟成一个字，捻断数根须”，这种推敲的工夫，是如何的认真与辛苦！

“文章千古事，得失寸心知”“为求一字稳，耐得半宵寒”，这是如何的谨慎精密！

初学写作的人，必须有“百炼成字，千炼成句”的精神，我们不但要求会作文，更要求作完整无瑕疵的文，所以写成之后的修饰是免不了的。

修正在作文的工作上既然如此重要，那么在文章写成之后应当修正的是哪些事呢？

（一）修改文中的错字、别字

（具体内容见下一章）

（二）修正修辞欠妥的字句

试修正下列句中修辞不妥之处；

（1）时候快要不早，应当睡觉了。

（2）太阳在东方升起。

（3）回忆将来的事，使人惆怅。

（4）判断文章的优劣，应当定一个目标。

（5）我接到成绩报告单，觉得非常失丧。

（6）泥水匠在忙着创造一所房子。

（7）卖报的孩子，为穷苦所引诱，不得不工作。

（8）白话文的装饰是不容易的。

（9）一轮明月不断地向西乱冲。

（10）二房东逼我们搬家，他的原理是儿子结婚。

（三）修正文中重复的字句

例如：

（1）一天早上时候还在清晨，我一个人在道路上独自走着。

“早上”就是“清晨”；“一个人”就是“独自”。同样意思的字句在一句话里并用，就是重复，应当修改如下：

一天早晨，我独自在道路上走着。

（2）国文一科，如我国之重要学科，即所谓国学，凡属国人，咸应加以研究；余非外人，当亦不能不加以学习也。

句中，“一科”与“重要学科”，“凡属国人”与“余非外人”，“咸应加以研究”与“当亦不能不加以研究也”，“国文”与“国学”意义都重复，极应删去。可修正如下：

国文为重要之学科，凡属国人，咸应学习，余亦不能不加以研究也。

（3）我在读书时期，在初读的时候，就读四书，一年间即将四书读完。

句中，“读书时期”与“初读的时候”，“就读四书”与“即将四书读完”词意都重复，应当修改如下：

我初读时，就读四书，一年间便读完了。

（4）他的言论极为公正，并不偏于任何方面，或其他方面等，所以人家都称他的言论公正。

句中，“言论极为公正”与“人家都称他言论公正”意义相同，“任何方面”与“或其他方面等”亦是辞异而意同，应当修正如下：

他的言论不偏于任何方面，所以人家都称他的言论公正。

（5）课室里的人，大都出去了，仅仅只有几个同学，寂寞得无聊。

句中，“课室里的人，大都出去了”与“仅仅只有几个同学”意思相仿，“仅仅”与“只有”“寂寞”与“无聊”

也是重复，应当修正如下：

课室里的同学，跑得仅余几个人了，很觉寂寞。

（四）修正意义不明之句

文句用字过多，陷于重复，应当删掉，但有时文句过于简省以致文意不明，亦应修正。例如：

（1）余以家居无聊，名胜者毕至。

“家居无聊”与“名胜”的中间，尚欠联络，意思不明，应当修正如下；

余以家居无聊，藉游览自遣；故附近名胜，足迹毕至。

（2）列强用我国的原料，制造物品倾销，不是杜绝我国工商业吗？

句中列强制造物品，在我国倾销，所以才杜绝我国工商业，全句意义不通，应修正如下：

列强用我国的原料，制造物品，来华倾销，这不是对我们工商业的发展大有影响吗？

（3）要知道世上没有一件事是做不成的，也没有一件事会成功的。

本句上半句说，世上没有一件事做不成功，下半句又说，没有一件事会成功的。上下矛盾，应当修正如下：

要知道世上没有一件事是做不成功的，亦没有一件事不去做而自会成功的。

（4）这时我不知怎的，靠着自己的天才、聪明，同贪玩特别亲善，格外的好。

句中，“同贪玩特别亲善”一语不大明白，应当在“贪玩”和“特别”中间加一“儿童”，修改如下：

这时我不知怎的，自恃聪明，不肯用功，同贪玩的儿童特别亲善。

（5）中学生时代，是学科的基础。

全句意义含糊，应当修正如下：

中学生时代的求学目的，在树立各科的基础。

作文的修正，已如上述，但在修正时有几点，应加注意：

（一）文章写好之后，放置些时候再加修改，似乎容易看出错误的所在；

（二）要以热情写作，以冷静修改，不必贪急着慌；

（三）不要过分雕琢，有失语句的自然。

# 三十五　错字、别字的分析

中学生作文最严重的问题之一，就是错字和别字的丛生。一次我将一班初中三年级学生的作文，统计错字和别字，结果平均每人有三个之多。无怪毕业生在写信行文中，仍不免错误连篇了。

美国人祥生曾说：“学生的错字，并不是变化多端的，却是千篇一律的。用科学的方法可以加以纠正。”学生写错字也是由于习惯，应当借着不断的练习，破除旧习惯，养成新习惯，直到下笔正确为止。

错字和别字不同。别字是用一个没有错误的字，代替另一个字，是用错了。例如：“现在正是收獲的时候。”“穫”字错用成“獲[①]”字了。所谓错字，乃是把原来的字形写错：或是多写几笔，如“社”误为“社”，

① “獲”与“穫”均为繁体字，现在统一简化为“获”，在使用上便没有分别了，但实际上两者虽皆有“得到”之义，但得到的对象不同。“獲”有两层含义，一是捕捉、捉住（猎物），如“捕獲”；二是得到、获得奖、罚等非物质的东西，如“獲救”。“穫”仅有一层含义，指收割（庄稼），如“收穫”。

“易”误为“昜”；或是少写了几笔，如“直”误为“直”，“伐”误为“伐”；或是将字形改变，如“孩”演为“孩”，“術”误为“術”等。

## 一、错字的原因

写错字的原因是什么？这个问题可以从两方面来说明：

**第一，汉字本身的原因。**

汉字是象形文字，字形复杂，最难学也最难写，容易发生错误。究其原因为：

（一）笔画太多

中国字总数有四万多个，其中笔画最多的竟达五十二笔之多：䨻[①]。写出来像一座小小的建筑物。最常用的“豔、鬱、鬬[②]”等字，也都在二十五画以上。有人统计《中华大字典》里的44 908个字，大多数在11至16画之间，平均为13.3画。并且全部汉字，一半在15.5画以下，一半在15.5画以上，最多的是52画。笔画如此之多，字体如此复杂，难免在写字时发生错误。

---

① 䨻（bèng）：生僻字，本意为雷声，引申形容很大的声响。

② 豔、鬱、鬬：这三个字是艳、郁、斗的繁体字。

（二）字形太不规则

中国字形不但复杂，而且多数组织不规则。每个字有自己的特点，不像英文那样简单，由几个字形相同的字母拼写而成。我曾分析中国字有以下十五种不同的格式：

（1）单体类：（甲）斜形——如夕、力、友等；
（乙）方形——如四、斗、土等；
（丙）交形——如十、井、亚等。

（2）合体类：（甲）围形——如因、国、田等；
（乙）载形——如起、幽、旭等；
（丙）覆形——如合、同、勺等。

（3）纵体类：（甲）二叠形——如思、否、盲等；
（乙）三叠形——如笺、舊[①]、赏等；
（丙）错叠形——如盟、罚、森等。

（4）横体类：（甲）二排形——如林、朋、初等；
（乙）三排形——如粥、辦[②]、鸿等；
（丙）错排形——如洼、船，稽等。

① 舊："旧"的繁体字。
② 辦："办"的繁体字。

（5）联体类：（甲）四部形——如鬚[①]、糶[②]、噩等；

（乙）五部形——如器、嚣等；

（丙）多部形——如亂[③]、讜[④]、鑼[⑤]等。

这样复杂的字体，自然难免写错。据研究的结果，很整齐的字，如“田、目、品”等，不但容易学，而且不容易犯错误。最容易错的是那些极不规则的字，如“疑、殺、亂、劉”等。

（三）字形类似处，不易分清

中国字形复杂，又有许多类似的地方，常使学者缠绕不清。例如衤、礻两个偏旁，极为相似，所差不过一点，很容易铸成错误。

**第二，学习者方面的原因。**

中国字虽然难学难写，但是写错字的责任究竟应当由学字的人负责。究其原因有三：

（一）因为学习不成熟

对于字形和字义，不能彻底地认识，以致印象模糊而

① 鬚：已简化为“须”字，指人的胡须和动植物的触须。

② 糶（tiào）：“粜”的繁体字，意为卖出（粮食）。

③ 亂（luàn）：“乱”的繁体字。

④ 讜（dǎng）：“谠”的繁体字，意为正直的（话）。

⑤ 鑼：“锣”的繁体字。

生笔误。

（二）因为书写时疏忽

大多数的错字和别字，都是书写者一时的疏忽所致，平常我们称之为“笔下错”。往往在写完以后再看一遍的时候，便能看出错误来。

（三）由于错误的联想

当着写一个字的时候，忽然想到另一个字，因而将想到的字写出。

例如写“艙①”字时，联想到船，结果就写成了个“船”字。或者错用我们已经熟习的字，例如把“壺②”写成“壼”，把“樣③”写成“檥”（因为“亞、義”等字是我们所熟习的，所以随笔就凑上去了）。

## 二、更讨厌的别字

在学生生活中，别字比错字更为严重。据研究所得，小学生的错字和别字之比，为二比三。到中学生，错字渐渐减少，但是别字的数目反而增加。这大概因为小学生识

---

① 艙：“舱”的繁体字。

② 壺：“壶”的繁体字。壼（kǔn）：“壸”的繁体字，指古代宫中的道路。

③ 樣：“样”的繁体字。檥（yǐ）：简化为“舣”，意为使船靠岸。

字量小，无字可用；中学生识字量大了，于是便“鲁鱼亥豕[①]”了。

陈适曾统计中学生别字数目和种类如下：

（一）形似音同而错误的，如蜜—密、列—烈、消—销、撤—澈等，占23%；

（二）形似音异而错误的，如荧—荤、扮—纷、慮—盧[②]、徒—徙等，占17%；

（三）形似音近而错误的，如慨—概，泼—拨，護[③]—穫、渡—踱等，占11%；

（四）音同形异而错误的，如须—需、与—予、繁—烦、影—映等，占36%；

（五）音近形异而错误的，如蹉—挫、跌—踢、收—搜、招—遭等，占13%。

将以上统计合并观之，因字形而错误的占51%，因字音而错误的占49%，可见字形和字音都是致错的原因。

① 鲁鱼亥豕（shǐ）：把“鲁”字错成“鱼”字，把“亥”字错成“豕”字。指文字传抄或刊印错误。

② 慮：“虑”的繁体字。盧：“卢”的繁体字。

③ 護：“护”的繁体字。

中国字，音同的很多。据沈有乾的统计，中国每一个字音，平均有 7.33 个不同的字形。最多的音达 90 个字形以上。例如读音 fu 的字就有下列 70 多个不同的字形：

（一）付、咐、坿、符、附、袝、苻、跗、府、俯、腑、腐

（二）讣、赴

（三）弗、佛、拂、咈、绋、髴

（四）孚、俘、桴、稃、浮、莩、郛

（五）伏、茯、袱

（六）夫 、扶、铁、芙、蚨、趺、麸

（七）父、斧、釜

（八）复、腹、覆、蝮、馥

（九）甫、脯、辅、敷、簠、黼、傅

（十）幅、副、富、福、蝠、辐

（十一）负、蝜、媍、凫

（十二）抚、赋、肤、服、妇

同一字音有这样多的字形，所以很容易张冠李戴，产生错误。

## 三、消灭错字、别字的方法

错字和别字的纠正，最要紧的是在学习、书写时，留心注意，不放过任何模糊的单字，如此则错误自消。除此以外，下面的三种方法也很有效：

（一）比较分析法

将错字、别字和正字相并排列，比较其异同，分析其错误的所在，得到一个清楚的印象，使之不至于再生混乱。下面的中学生别字测验，于学生很有帮助的。

（二）造句练习法

许多别字的发生是因为认不清字的意义，纠正的方法莫善于用别字和正字造句，使其意义从句子中可以分辩清楚。例如：

（1）爸爸，我来代你伐树好吗？

（2）你的手压在我身上，真是讨厌！

关于错字、别字，曾有许多书籍出版，以顾雄藻编的《字辨》比较适用，学生当购一部放在案头，以便检查。

练习材料：

（1）这一篮子花，都是蓝色。

（2）我洒在地上的水，已经晒干了。

（3）我最喜欢劝人家观察自然界的现象。

（4）在收穫庄稼的时候，我獲得一只兔子。

（5）鸦片为害甚大，汝犹年幼，其害尤深。

（6）有眼光的人，能分辨谁有辦事的能力。

（三）预防法

将最容易错误的字，汇列成表，令学生加以练习，预防其发生错误。下面是中学生最容易错的一百个字：

（前面为字形对比，后面为错用。）

（1）班斑　　由此可见一“班”

（2）授受　　身“授”教育数年

（3）戴载　　用汽车“戴”到郊外

（4）侍待　　等“侍”了好久

（5）缉辑　　书局的编“缉”

（6）防仿　　不“仿”试试看

（7）峻竣　　考试完“峻”

（8）反翻　　推“反”满清政府

（9）遭糟　　弄得一团“遭”

（10）藉籍　　满桌书“藉”

（11）伦论　　理“伦”上说不通

（12）蜜密　　秘“蜜”工作

（13）玩顽　　“玩”皮得很

（14）赋敷　　“赋”衍塞责

（15）倍佩　　我很“倍”服你

（16）赔陪　　在家“赔”客

（17）偏遍　　走“偏”天下

（18）冠寇　　贼“冠”四起

（19）黄皇　　刘邦做了“黄”帝

（20）穫獲護　　保“穫”身体

（21）辐副　　用全“幅”精神

（22）燥躁　　性情急“燥”

（23）急激　　思想“急”烈

（24）捐损　　这次的“捐”失很大

（25）殺[1]刹　　一“殺”那

---

① 殺：“杀”的繁体字。

（26）克刻　　“克”苦耐劳

（27）賞償①　　赔“賞”损失

（28）祟崇　　他在暗中作“崇”

（29）忘妄　　胡作“忘”为

（30）相商　　和父亲“相”量

（31）需须　　你必“需”努力读书

（32）薄簿　　练习“薄”

（33）屈曲　　“屈”折，冤“曲”

（34）倾顷　　“倾”刻之间

（35）利厉　　严“利”对付

（36）底低　　中学的程度很“底”

（37）材裁　　日记的体“材”

（38）宵霄　　九“宵”云外

（39）恢灰　　不要“恢”心

（40）规轨　　政治不上“规”道

（41）交缴　　到学校“交”费

（42）隐稳　　放在那里很“隐”当

（43）词祠　　先贤“词”堂

（44）辨辩　　不要狡“辨”

---

① 賞：“赏”的繁体字。償：“偿”的繁体字。

（45）驚[1]擎警　“擎”报来了

（46）服复　克“服”南京

（47）脑恼　苦“脑”得很

（48）竸兢　战战“竸竸”

（49）欧殴　被人“欧”打

（50）皮脾　你的“皮”气太坏

（51）终总　天气“终”是这样

（52）逍消　没有地方“逍”遣

（53）繁烦　解除“繁”闷

（54）匈凶　面目“匈”恶

（55）網綱[2]　三“網”五常

（56）量谅　请你原“量”我

（57）垫塾　在私“垫”里读书

（58）绿缘　是什么“绿”故

（59）肆肄　在某中学“肆”业

（60）晏宴　今夜“晏”客

（61）浙淅　雨声“浙”沥

（62）態[3]熊　“熊”度不明

① 驚：“惊”的繁体字。

② 網：“网”的繁体字。綱：“纲”的繁体字。

③ 態：“态”的繁体字。

（63）充允　　不“充”许他去

（64）免兔　　看见一只“免”子

（65）史吏　　官“史”

（66）掉调　　“掉”换一个

（67）掉悼　　追“掉”会

（68）项顷　　“项”刻之间

（69）贬眨　　“贬”眼之间

（70）欤疑　　我很怀“欤”

（71）废费　　浪“废”光阴

（72）静净　　清“净”的环境，耳根清“静”

（73）名明　　莫“明”其妙

（74）子字　　你的名“子”叫什么

（75）免勉　　彼此劝“免”

（76）多都　　同学们“多”来了

（77）催摧　　受了“催”残

（78）具俱　　“具”各安好

（79）蔽弊　　许多“蔽”病

（80）庭廷　　朝“庭”之上

（81）箸著　　一个“箸”名的人

（82）响向　　立即“向”应

（83）概慨　慷“概”

（84）效効[1]　“効”法他父亲

（85）腾謄[2]　“腾”清作文

（86）练炼　锻“练”身体

（87）欢观　“欢”告

（88）特持　维“特”秩序

（89）坐座　离开“坐”位

（90）诲悔侮　欺“诲”别人

（91）科料　不“科”下雨了

（92）侧恻　“侧”隐之心

（93）连联　“连”络感情

（94）征徵[3]　“征”收赋税

（95）敝鄙　“敝”人不能胜任

（96）类雷　各种样子大都“类”同

① 効：同“效”。繁体字简化前单独使用，意为为别人或集团献出（力量或生命），如効力。繁体字简化后，此字不再单独使用，而同“效”，如“効力”现在都写作“效力”。另外，效表示两种意思：一是功用、效果，如功效。二是仿效，如效法。

② 謄：“誊”的繁体字。

③ 徵：已简化为“征”。简化前，古汉语中同时存在“征”和“徵”两个字。“征”有走远路和征讨两重意思，如征途、征讨，多与行军有关。“徵”表示两种意思，一种是政府召集人民服务，如徵兵，后引申为徵收、徵用、徵求；另外一种是表示徵明，如信而有徵，后引申为表露的迹象，如象徵。而现在这两种含义统一用“征”表示。

（97）浪朗　　大声“浪”读

（98）除取　　“除”消

（99）遂随　　跟“遂”父亲出去了

（100）指趾　　脚“指”受伤

# 三十六　别字测验

## 测验一　　字形辨正

说明：下面有五十句话，每句话的括弧里有三个字形相似的字，其中有一个是和语句的意思合适的，请你把它写在下面的空括弧里。例如：

（一）持（刀刃刁）杀人。　　　　（刀）

（二）时候（己已巳）经不早了。　　　　（已）

（一）（博傅傳[①]）学多闻。　　　　（　）

（二）应当爱（惜借错）光阴。　　　　（　）

（三）为难民募（损捐涓）。　　　　（　）

（四）由此可见一（班斑珏）。　　　　（　）

（五）（受授绶）了三年的教育。　　　　（　）

---

① 傳：“传”的繁体字。

（六）用汽车（戴栽裁）到市外去。（ ）

（七）我等（侍待特）他好久了。（ ）

（八）他是书局的一位编（辑缉揖）。（ ）

（九）你不（仿防妨）试试看。（ ）

（一〇）在理（伦论仑）上说不过去。（ ）

（一一）我（陪赔倍）他到学校去。（ ）

（一二）政府是保（护获）人民的。（ ）

（一三）用全（幅副辐）精神去干。（ ）

（一四）必须赔（偿赏）损失。（ ）

（一五）有人在暗中作（崇踪祟）。（ ）

（一六）他到（低抵底）成功了。（ ）

（一七）抛到九（霄宵肖）云外去了。（ ）

（一八）失败了不要（恢炭灰）心。（ ）

（一九）他和先生开口（辩辨辫）论。（ ）

（二〇）穷人们的生活苦（恼脑瑙）得很。（ ）

（二一）把社会来（澈彻缴）底改造一下。（ ）

（二二）胡作（忘妄忙）为。（ ）

（二三）到外面去消（遗遣连）。（ ）

（二四）请你（原愿源）谅我。（ ）

（二五）没有事能至终（隐稳檃）藏。（ ）

（二六）凡请求的都蒙允（准淮）。　　（　）

（二七）考试完（峻竣陵）之后。　　（　）

（二八）他们要推（翻反返）政府。　　（　）

（二九）（徙徒陡）劳无益。　　（　）

（三〇）性情浮（澡燥躁）。　　（　）

（三一）这是王家的（词伺祠）堂。　　（　）

（三二）（竟竞）选大总统。　　（　）

（三三）被警察（殴欧妪）打一顿。　　（　）

（三四）欺（诲悔侮）软弱的人。　　（　）

（三五）朋友们都（竭渴揭）力相助。　　（　）

（三六）他住在（偏编遍）僻的地方。　　（　）

（三七）一（泛眨贬）眼就不见了。　　（　）

（三八）高声一呼到处（向响）应。　　（　）

（三九）他的态度很（肯恳垦）切。　　（　）

（四〇）考试时不可作（弊幣蔽）。　　（　）

（四一）朝（庭延挺）上难说话。　　（　）

（四二）激昂慷（慨概溉）。　　（　）

（四三）给你一张入场（夯券卷）。　　（　）

（四四）（劝欢观）人行善。　　（　）

（四五）在乡下私（垫塾壓[①]）里读书。（ ）

（四六）（科料抖）想不到天会下雨。（ ）

（四七）李生（肄肆律）业大学二年级。（ ）

（四八）（恻侧铡）隐之心人皆有之。（ ）

（四九）陈英士为国（恂询殉）难。（ ）

（五〇）这个青年很（蠕懦儒）弱。（ ）

## 测验二　字义辨正

说明：下面有五十句话，每句话的括弧里有两个意义不同的字，将意思和语句合适的字写在下面的括号里。例如：

（一）浪（费废）金钱。（费）

（二）立一个（表标）准。（标）

（一）他的家（境景）很苦。（ ）

（二）少年人当有高尚的志（远愿）。（ ）

（三）莫（明名）其妙。（ ）

（四）（是似）懂非懂。（ ）

① 壓：“压”的繁体字。

（五）（赋敷）衍塞责。　　（　）

（六）十分（陪佩）服。　　（　）

（七）刘邦做了（黄皇）帝。　　（　）

（八）过于（激急）烈。　　（　）

（九）天（霁阴）了。　　（　）

（一〇）（克刻）苦耐劳。　　（　）

（一一）和父亲（相商）量。　　（　）

（一二）男女都必（须需）读书。　　（　）

（一三）经过许多（屈曲）折。　　（　）

（一四）婆母都很（厉利）害。　　（　）

（一五）文章有各种体（裁材）。　　（　）

（一六）政治不上（规轨）道。　　（　）

（一七）克（服复）南京。　　（　）

（一八）（总终）于住下了。　　（　）

（一九）中国人的老（脾皮）气。　　（　）

（二〇）提（唱倡）科学。　　（　）

（二一）事情很麻（烦繁）。　　（　）

（二二）请你原（量谅）我的过失。　　（　）

（二三）（代带）人做事要忠心。　　（　）

（二四）服（事侍）病人要忍耐。　　（　）

（二五）我们都是国家的一（分份）子。（ ）

（二六）发生（充冲）突。（ ）

（二七）怨天（尤犹）人。（ ）

（二八）（联连）络各方面共同进行。（ ）

（二九）做民众的保（障嶂）。（ ）

（三〇）既往不（旧咎）。（ ）

（三一）有（见鉴）于此。（ ）

（三二）身受不白之（冤怨）。（ ）

（三三）（征徵）兵制度。（ ）

（三四）名（振震）环球。（ ）

（三五）（带待）在家里实在无聊。（ ）

（三六）秋风起百花（雕凋）谢。（ ）

（三七）（敝鄙）人不能胜任。（ ）

（三八）百事齐来使人心（燥躁）。（ ）

（三九）这是什么（缘原）故。（ ）

（四〇）各书的样子大都（类雷）同。（ ）

（四一）（杀煞）费苦心。（ ）

（四二）开学（交缴）费。（ ）

（四三）皮之不存，毛将焉（傅附）。（ ）

（四四）譬（如喻）登高必自卑。（ ）

（四五）一鸣（警惊）人。 （ ）

（四六）鞠躬尽（瘁萃）死而后已。 （ ）

（四七）运筹（帷帏）幄之中。 （ ）

（四八）未雨绸（纽缪）。 （ ）

（四九）白驹过（溪隙）。 （ ）

（五〇）（乌无）合之众。 （ ）

## 测验三　字音辨正

说明：下面有五十对近似的字，若是两字字音相同，便在中间的线上画一个〇；若是两字字音不同，便在中间的线上画一个 ×。例如：

（一）横 × 黄　　（二）谊〇宜

（一）朗___浪　　（二）侮___诲

（三）究___轨　　（四）岔___芬

（五）记___纪　　（六）决___诀

（七）亲___衬　　（八）昭___照

（九）弹___惮　　（一〇）棉___绵

（一一）讶___邪　　（一二）犹___酋

（一三）贩___反

（一四）暑___署

（一五）闵___悯

（一六）载___戴

（一七）侧___恻

（一八）荡___汤

（一九）思___偲

（二〇）嚷___壤

（二一）牌___稗

（二二）借___措

（二三）坐___挫

（二四）危___卮

（二五）撒___澈

（二六）龙___宠

（二七）齐___斋

（二八）竭___谒

（二九）蔽___币

（三〇）郊___效

（三一）抉___袂

（三二）垣___桓

（三三）仆___讣

（三四）物___吻

（三五）洛___络

（三六）警___惊

（三七）经___径

（三八）聪___总

（三九）枝___技

（四〇）堤___隄

（四一）家___嫁

（四二）循___询

（四三）拭___试

（四四）筵___诞

（四五）饵___弭

（四六）稠___绸

（四七）尔___迩

（四八）溃___愤

（四九）辍___缀

（五〇）铃___黔

# 三十七　写作的环境

在古老的中国，文人都是有闲阶级，以写作为消遣，以文字为应酬，作为行乐的方式之一。所以赋诗作文，都是逍遥自在，有超然的风趣。因此中国文学史上的名作常和琴茶、山水、园亭等娱乐相伴。如果把中国全部的诗文写作的背景分析一下，恐怕成于这种场合的作品要居多数。现在是凡事讲“效力”的时代，无论什么事，要能在最短的时间内，用最少的精力，完成最多的工作，而有最好的成绩。所以工作环境的考察是极重要的。环境适宜，则事半功倍；环境不适宜，则事倍功半。何况写作是一种精神工作，更需要最适当的环境。本章即略论写作应当有怎样的环境。

## 一、写作与安静

写作是创造的工作，是思想的工作，在嘈杂的环境里绝写不出优美的作品。所以文人多数喜欢在深夜，万籁俱静，只有时钟还没有停止滴答滴答的时候执笔为文。谢冰莹写文章多在深夜。她说：

> 夜深了，他们都入了甜蜜的梦乡，只听得我的笔在纸上沙沙地响，拼命地写吧！为了生活，我像一只骆驼那么负着重担，在沙漠里前进！

为了寻求安静的环境，许多文人喜欢住在乡村和山水之间，那清静而秀丽的环境，不但多给他们以灵感，并且使他们创作出更多作品。

声音最能打扰我们的注意力。所以集中注意的第一课便是尽力杜绝外来的声音，使你的心得到安静，那么它才能给你孵出些可爱的东西来。尤其是那些有意义的声音、不时变化的声音，更是扰动人心的恶魔。所以一个人在旁边谈话，比一部机器的单调之声更能阻碍你的工作，因为你很不容易不听他的谈话。

写作的时候，最好室中只有你一个人，在沉静中，专心地工作，这是极合算的事情。

## 二、写作的心境

外面的骚扰，可以避免。内心的不安却无法制服，只有暂时停止工作，将你所担心怀忧的问题解决了，再来专心地写作。

最使人分心的事由你的内心而起。你内心的一部分会打扰另一部分，因此你如果有种种的忧虑、失望的事压在心头，说是要忘记它，实际上太不容易了。在这种情况之下，写作是不可能的，而且不久后还要使你患头痛的毛病。

一个人内心的兴趣和情绪，最妨害他专心工作。

如果你牙痛、鞋子太紧，或是寒冷、昏沉、疲乏，也会分散你的注意。写作的先决条件是去除这些身体上、心灵里的痛苦。

饮食的消化也影响你的工作。一个患胃病的人，常发脾气，不能安心。如果这时写作，哪能有优良的作品？所以饱食之后，不宜于写作。油腻不易消化的食品，是文人不当多用的。

气味也能打扰人的注意。太香的或是浓味的花草之旁，使人不能专心写作。

心理学者的研究说：“思想及记忆的工作，宜于仰卧时为之，而不宜于直立姿势下进行。”所以许多作家在努力工作时，惯把两脚架在桌旁，或是伸在身旁的椅子上，因为这样的姿势，给脑部血液循环带来许多方便，可以增加工作的效率。

## 三、写作与刺激品

世界上许多著名的文人，都有吸烟的癖好，俄国的高尔基，中国的鲁迅，都是以烟帮助写作的。“论语派[①]”的领袖林语堂等人，更公然提倡文人吸烟，他说：

> 试问读稼轩[②]之词，摩诘[③]之诗，而不吸烟可乎，不可乎？
>
> 谁都知道：作文者必精力美满，意到神飞，胸襟豁达，锋发韵流，方有好文出现；读书亦必能会神会意，胸中了无窒碍，神游其间，方算是读，此种心境，不吸烟岂可办到？

---

① 论语派：一种现代文学流派，因《论语》半月刊而得名，代表人物林语堂。主要刊登小品文，提倡幽默、闲适、性灵。

② 稼轩：即南宋豪放派词人辛弃疾。辛弃疾（1140—1207），字幼安，号稼轩。

③ 摩诘：即唐代著名诗人王维。王维（701—761，一说699—761），字摩诘，号摩诘居士。

并且林先生以戒烟为耻。他说：

> 我有一次也糊涂起来，立志戒烟，经过三星湖之久，才受良心责备，重新走上正路来。我赌咒着……意志一日存在，是非一日明白时，绝不再做戒烟的尝试。

中国的文人与酒是分不开的，诗仙李白、文人刘伶，都是些著名的酒鬼，不喝酒就写不出诗来。中国写酒的诗文也不胜枚举。

到底酒烟对于写作有益处吗？科学研究的结论，并不像一般文人以为的那样。

马里兰的研究发现：吸烟的学生比不吸烟的学生平均成绩差七分，吸烟的学生不及格者多些。

泰罗的研究说：无论何种年龄，吸烟者比不吸烟者的成绩相差不少。

克拉克的研究说：大学生中吸烟的有 13.3% 得奖励；不吸烟者有 68.5% 得奖励。

布什的研究说：吸烟者的想象力损失最大，约有 22%，其余知觉和想象力的损失也很大。这个研究和烟能助文思的主张，完全相反，可见文人吸烟不但是不必要的，反而是要不得的。

此外有一个人叫范尔，他研究的结论说：在五分钟之内，吸烟增加工作的效率，过了五分钟，就没有效力了。

至于喝酒，据罗佛研究，喝酒不过五至二十立方公分[①]对于精神工作很有帮助；喝得太多，反而使神经模糊，减少其耐劳力、持久力，增加疲劳，很影响注意力。

李白嗜酒，酒后写诗，完全是出于习惯。据说，他晚年酒后放纵，曾在宫中调戏皇后，最后，“举杯邀明月”，竟落在水里淹死了。

## 四、写作与气候的关系

天气的寒暖与写作确有极大的关系。世界上极热极冷的地方，绝不产生著名的文人。产生优美而丰富的作品的作者，多是生在温带的地方。

朱君毅曾根据《清史稿》列传统计清代文人的地理分布，596 人之中，有 310 人生于江浙两省。

汪静之曾根据《中外文学家辞典》，统计中国近代文人的地理分布，结果 208 人之中，有 130 余人生于江苏、浙

① 立方公分：1立方公分=1立方厘米=1毫升。

江、福建、安徽等省，较冷的河北、东九省仅十余人而已。

历史学家证明，当叙利亚和埃及文化兴旺的时候，比后来衰微的时候，天气适宜得多，有刺激性得多。

天气对于人类心情的影响，可从《岳阳楼记》一文里的两段描写中看出来：

> 若夫淫雨霏霏，连月不开，阴风怒号，浊浪排空……登斯楼也，则有心旷神怡，宠辱皆忘，把酒临风，其喜洋洋者矣。

所以天朗气清、惠风和畅的时候，不独游兴高，文人的笔和思想也生奇异之花。古人无数悲哀的诗词，都是作于凄风苦雨之时，无可奈何之日。气候对写作的影响，可见一斑。

德克特的研究说：华氏50度到70度[①]的气候，最有益于健康和文化的发展。地球上纬度25度与55度之间的地方，生长着最优秀的民族。

阴雨之天，能增加精神工作的错误。

常常改变的空气最有利于工作。北方常冬，南方常夏，

① 华氏50度到70度：即10℃～12℃。

所以对工作缺乏刺激性，不过突变的天气也是工作的致命伤。

从前拿破仑最怕冷天气，七月里室内便生火炉。伏尔泰也是怕冷，屋中终年生火。拜伦怕冷如羔羊。

写作文章，热的天气比冷的天气更不适宜，因为天热容易使脑子晕涨，不能持久工作。无怪王云五主持商务时，力主花两万元在编辑所装置冷气，因为在适度的气温中才可以写出优美的文章。

## 五、最好的写作时间

从上面的分述中，可知写作的时间在一年之中以春秋为最好。所以四季的文学，春秋之作比夏冬为多。因为春生欢乐，秋感悲哀，天气的温度适宜，又富有刺激性，最宜于文人写作。但丁写《新生》是在四月，写《神曲》是在三月。弥尔顿写《失乐园》开始起草是在春天。歌德写《少年维特之烦恼》是在某年的秋天，写《浮士德》是在三月，写《色觉论》是在五月。我们如果能将文学家的名著依写作时间来统计，春秋佳日，定占全部的大多数。

心理学者告诉我们，一年中最好的时候是四月、五月、八月和九月。物质的工作如此，精神的工作也是如此。

在一天中，清晨经过一夜的休息，精力充足，抱着一天的野心。马其的研究说：清晨做事正确而不迅速。霍林沃斯的研究，以为日将暮时，工作的速度最快。有人研究的结果说，精神工作，上午十点到十一点，下午三点到四点的效力最好。中午十二点到一点的时候最坏。

我以为写作的工作，在一天中随时都好，只要我们有间隔的、适当的休息，无分早晨中午、黄昏深夜，都能产生最优美的作品。但疲倦的时候是最不宜写作的。

在世界文学史上，我们发现歌颂三春的诗文浩如烟海，九秋感叹的文章也不可胜数。春和秋实在是逗引文人写作情绪的季节。但是关于夏冬的诗文，比之春秋相差太多了。虽然也偶尔有一两篇描述夏日树木葱茏、冬日白雪纷飞的文字，但是其中的生命力，却远不如春秋之作。

## 六、写作与年龄的关系

文学最重要的两种滋养是情感和经验。世界上最宝贵的是少年人的情感和老年人的经验。所以写作和年龄的关系便由此而定，少年人不乏秀丽热烈的作品，老年人也产生了许多伟大的名著。

伟大的作品多写于四十岁之后：一是由于作者的经验丰富了；二是由于作者在文坛上的地位已稳，作品易受人注意；三是由于老年人有很好的写作环境。大概作家在四十岁以后，手中略有积蓄——尤其是在欧美，有版税的收入、国家的年俸，可以安心创作。同时文人所需要的“沉静性格”，老年人比少年人更多，所以他们能够从容不迫地将自己的文意表达在纸上。

然而少年人有热烈的情感，有写作的欲望，所以也产生过不少的作品，尤其是诗人。如济慈二十岁以前，写《恩地弥翁》(*Endyuion*)；丁尼生二十九岁出版第一本诗集；英国小说家莱登十五岁出版了第一部小说；雨果十七岁即成为杂志的主要撰稿员；辛克莱从十五岁可以借文稿报酬独立生活；王勃十三岁作《滕王阁序》；梁启超十九岁能缀千言；骆宾王七岁即可赋诗。

少年人有热情而无经验，又没有理想的写作环境，常是为衣食而奔走，所以没有巨大的作品。但是少年人有丰富的情感，所以许多诗人都在二十岁以前，就奠定了文坛声名。

年龄对写作虽稍有影响，但是不能限制人有美的成绩，只要有写作的决心和兴趣，有写作的优良环境，文学不分老少，都有成就的。

**结语：**写作与环境有极大的关系。安静、舒适、从容不迫，最为要紧，但是这种环境往往要作者自己寻求，不可以以此为借口而放弃工作。多少人在极坏的环境中，倒完成了伟大的工作。我们第一要创造写作的环境，第二要不为环境所限。

# 三十八　写作的修养

学生作文的困难之一是“没有写作的兴趣”。这一点固然教师应当担负部分的责任，例如，所出的题目不合学生的心意，或是在青年所有的经验之外，以致他们对作文抱着“望之生畏”的态度。但是，学生也要担负部分的责任，有时兴趣是给你自己消灭了。更进一步说，你所以对作文没有兴趣，也许因为你没有培养你的兴趣。

## 一、培养你的写作兴趣

怎样培养你的写作兴趣呢？下面的几点，对于你很有帮助：

（一）兴趣是从实际的工作中产生的

普通人最感觉兴趣的事是他最熟习的事，换句话说，他对于会做、做得比别人好的事情，就感觉有趣味。反之，就觉得索然无味。例如，一个人打乒乓球打得很精彩，他自然对打乒乓球特别有趣味。但是他在还没有练习到精彩的地步的时候，也许不感觉有兴趣，如果能忍耐地练习下去，直练到超越别人的时候，他就兴致淋漓了。

我们练习写作，开始的时候，感觉没有兴趣，不是写作本身没有趣味，是因为我们还没有把写作的兴趣培养起来。如果你能忍耐地、不间断地练习，等到你写作的能力比较健全的时候——尤其是你的作文比别人精彩的时候，你就觉得写作有兴趣了。

培养写作兴趣的第一个方法是：开始练习写作，努力越过一个极无味、极艰难的阶段，你便走到对写作有兴趣的路上了。记住：兴趣是从实际工作里产生的。

（二）写作的兴趣常是由阅读引起的

我们常对熟习的事多有兴趣，所以一个人书报阅读得多了，会对写作发生兴趣。许多文人都说他们少年时喜欢看书。冰心女士的故事，前面已经引述过了，现在再看王统照的自白：

记得我最早学看小说是在十岁的那年……家中找不到这类的书，使托人借看，以满足幼稚的好奇心。那时，给我家经管田地事务的张老先生的大儿子对我说，他有一部全的《封神榜》，我十分羡慕，连忙催他回家取来……从此……早饭时从书房回来，下午散学，晚饭以前，都是熟读这部新鲜书的时候。再过一年，便看到一部小字铅印的《今古奇观》……

（《王统照选集·我读小说与写小说的经过》）

我们培养写作兴趣的第二种方法是：多多阅读新旧的书籍，读得多了，便会引出写作的兴趣来。

（三）常和喜欢写作的人来往谈话，会增进你的写作兴趣

我们的许多活动，是受了刺激以后的反应。我们多和朋友来往，就获得许多刺激，所生的反应，往往是有益的。

我有一次到一位大学的教授家里去，看见他的书房里四壁都是图书。并且这位教授说，他的钱除了维持最低的生活费用以外，都用在买书上，甚至衣服都不肯添件新的。我听了他的话，又看见他那朴素的服装、渊博的学问，就立志以后也努力节省用钱，可以多买些书籍。这种模仿心就是一个刺激的反应。

我们如果常和喜欢写作的师友往来，他的谈话、他的稿件、他的成绩，都会刺激我们写作的兴趣。

有一次，我到一位朋友家里，看见他的书桌上放着一本剪贴簿，里面都是他平日在报纸副刊和杂志上发表过的文字，剪贴起来，成了厚厚的一册。我回来以后，也照样地把自己的作品剪贴起来，并且勉励自己要更多地写些文章。这就是和喜欢写作的人往来所引起的兴趣。

多和喜欢写作的人往来，他们会给我们一些刺激，可以培养我们写作的兴趣。这是第三个方法。

（四）有写作的志愿，就有写作的兴趣

如果你有一个写作的志愿，那么你就有了写作的兴趣。法国文人雨果，从小就嗜好文学，他十四岁的那年在练习簿上写道："不做夏多布里昂，誓不为人。"夏多布里昂是当时的一位著名文人。雨果在这一次立志之后，对文学便更加有兴趣了。

曾国藩很注意少年人的立志，他写信给自己的儿子说："天下事无所为而成者极少。有所贪、有所利而成者居其半。有所激、有所逼而成者又居其半。"

培养写作兴趣的第四个方法是，鞭策自己，立定志愿要学习写作，那么你的兴趣便会油然而生。

## 二、写作需要天才还是需要努力

天才是什么东西？我认为天才就是个人的潜在能力得到了充分的发展，天才并不是什么神秘的东西。

我们每一个人都有潜在的能力，好像一个花苞，得到适当的滋润和日光，没有害虫和小鸟的毁坏，它自然会开出一朵肥美硕大的花儿。这有什么神秘的呢？

多少人的潜在能力未能得到充分的发展，好像一个花苞，外面有了一层包围的东西一样，结果埋没一生，还说是没有天才。这岂不是冤枉！我们每一个人都有天才，不过有人把它发展出来，有人把它埋藏罢了。

我们练习写作，要靠天才吗？

俄国文豪高尔基说："我的成功百分之八十是由于努力，百分之二十是由于天才。"可见努力比天才更为重要。

福楼拜说："才能即长久之忍耐。"宋人吕居仁说："作文必要悟人处，悟人必自工夫中来，非侥幸可得也。"这些都是努力比天才更加重要的证明。

天才不是神仙，他和我们一样的有皮肉、要吃穿，他也是社会里的一员。天才没有等级的差别，不过禀赋略有高低而已。然而这种禀赋的高低，并不影响将来成就的大小。例如发明家爱迪生幼时并不聪明，在同班里同学常常落后，小学老师甚至认为他是低能儿，但是后来他却成了最伟大的发明家。小说家巴尔扎克做学生时，常因为功课不好而受罚，老师评定他是智能低下。他最初写的一首史诗，粗笨的诗句引起全体师生的哄堂大笑。但是他并不自馁，仍旧努力学习，结果成了写实派最伟大的小说家。尚有许多贡献极伟大的人，后来我们说他们是天才，但是小时人人都以为他们的智能低下。所以说，我们应当依靠努力，不可依赖天才。依赖努力而成功的人多，依赖天才的人必定失败。

## 三、怎样努力学习写作

一个人的成就既然是在于努力，那么对于作文要怎样努力学习呢？下面是几个很实际的方法：

（一）写日记

日记的价值很多，练习写文章也是它的价值之一。如果你能每天精心地记叙，每天便能写成一篇精美的小品文。这种经常的练习，一面可以体味实际的人生，一面可以锻炼写作的技巧，很有帮助。

（二）办壁报

集体的生活表现，既有趣，又有益。集合志趣相同的朋友，办理一份手抄的刊物，彼此磨砺，互相观摩批评，可以给你一些鼓励。

（三）投稿

抱着勇敢的心，向报纸杂志投稿，一旦你的文章被印刷出来，你的快乐是不能形容的。这样可以使你更起劲地写作，并且使你走上真正的写作之路。

（四）翻译

在学生时期，学习翻译，对于作文的修辞造句、表现的技巧很有裨益。不妨把你所读的英文故事作为翻译的材料。尝试下，试试看（try）是一切成功的第一步。

## 四、精益求精

练习写作要精益求精，没有一个人的文章，能说是好到极点的。艺术的作品，可以无限地发展，你不应对自己的作品感到完全的满意，要谦虚地学习，再学习。在学习的时候，注意以下的劝告，下面是一位颇有经验的文人所说的：

要作文，除了多看生活的写实外，还应当读一些理论书。

要避免思想上的纷乱，便应读伦理学。

要纠正造句上的错误，便应读文法。

要讲求用字的适当，便应读文字学。

要考究文字的纤美，便应读修辞学。

要探讨人生的究竟，便应读哲学。

要理解社会的变迁和目前社会的问题，便应读历史和其他社会科学。

要懂各种心理状况，便应读心理学。

要训练写作技巧，增加语汇，吸收辞藻，学习描写，要多读古今中外的文学作品。